라디오, AI 웨이브

AI문고

인공지능 시대입니다. 기계가 인간의 인지를 대신하고, 사물이 인간을 통하지 않고 다른 사물과 직접 커뮤니케이션합니다. 이에 따른 인간 삶과 문명 변화를 정확히 이해 · 예측 · 대응하는 것은 이 시대 우리 모두의 과제입니다. AI문고는 인공지능 기술과 환경의 여러 주제를 10가지 키워드로 정리합니다. 관련 개념과 이론, 학계와 산업계의 쟁점, 우리 일상의 변화를 다룹니다. 인간과 기술의 현재, 미래를 세심히 분석합니다.

일러두기

- 인명, 작품명, 저서명, 개념어 등은 한글과 함께 괄호 안에 해당 국가의 원어를 병기했습니다.
- 외래어 표기는 현행 어문규정의 외래어표기법을 따랐습니다.

처음이세요?

전문가세요?

라디오, AI 웨이브

최성은

대한민국, 서울, 커뮤니케이션북스, 2025

라디오, AI 웨이브

지은이 최성은
펴낸이 박영률

초판 1쇄 펴낸날 2025년 7월 17일

커뮤니케이션북스(주)
출판 등록 2007년 8월 17일 제313-2007-000166호
02880 서울시 성북구 성북로 5-11
전화(02) 7474 001, 팩스(02) 736 5047
commbooks@commbooks.com
www.commbooks.com

ISBN 979-11-7307-052-5 03500

책값은 뒤표지에 표시되어 있습니다.

차례

라디오와 AI의 만남

라디오에 밀려오는 AI 물결

라디오에 AI라는 거대한 물결(waves)이 밀려오고 있다. AI는 정보를 수집해 뉴스를 작성하고, 청취자의 취향을 분석하여 음악을 선곡하며, 심지어 인간 DJ를 대신해 라디오 방송을 진행하고 있다. 한때 인간의 창조성과 감성을 대변했던 목소리가 이제는 데이터와 알고리즘이 생성한 합성 음성으로 재구성되고 있다. 가장 오래된 전파 매체이자 가장 보편적인 대중 매체인 라디오는 지금, 본질적인 전환점에 서 있다.

라디오는 언제나 새로운 기술과 매체의 등장에 도전받아 왔고, 점점 거세지는 도전에 직면하고 있다. 하지만 그것은 단순한 생존의 문제가 아니라 정체성을 재구성하는 과정이었다. TV의 등장으로 라디오는 고음질 음악 전문 매체로 변화됐고, 뮤직비디오의 부상은 DJ 중심의 소통을 강화하며, 보다 개성 있는 콘텐츠를 만들어 내는 계기가 되었다. 인터넷의 등장은 라디오를 단순한 소리의 매체에서 시각적 요소를 더한 '보이는 라디오'로 확장시켰으며, 실시간 방송과 온디맨드(On-demand) 콘텐츠의 결합을 통해 유연한 소비 방식을 가능하게 했다. 스마트폰은 라디오 청취 방식을 물리적인 주파수 조정에서 앱을 실행하는 것으로 바꾸었고, 팟캐스트는 실시간 방송의 틀을 깨고 언제 어디서든 원하는 콘텐츠를 소비하는 문화를 정착시켰다.

이처럼 기술의 변화는 단순한 매개체의 변화를 넘어서, 청취의 방식과 문화를 근본적으로 뒤흔들었고, 이에 대응해 라디오 방송 역시 계속 진화하고 적응해 왔다. 이제 AI라는 새로운 물결이 라디오에 밀려오고 있다. 이 변화는 단순한 기술적 혁신이 아니라, 라디오의 본질은 무엇인지 다시 묻게 만든다.

라디오는 단순한 정보 전달자가 아니라 청취자와 공감하고 시대의 흐름을 반영하는 매체였다. 그렇다면 AI가 대체할 수 없는 것은 무엇이며, 인간과 기술은 어떤 방식으로 공존할 수 있을까? AI가 라디오의 자동화와 최적화를 가져오면서도, 인간적인 감성과 사회적 연대를 유지할 수 있을까?

우리는 지금, 단순한 기술 혁신을 넘어서는 거대한 문화적 변혁의 한가운데에 서 있다. 라디오에 밀려오는 AI의 물결은 단순한 변화가 아니라, 인간이 기술과 어떻게 함께할 것인가에 대한 중요한 질문을 던지고 있다. 이제 라디오는 새로운 시대를 맞아, 본질과 역할을 다시금 정의해야 할 시점에 서 있다. AI는 효율적이고 개인화된 콘텐츠를 제공하지만, 라디오가 지녀온 감성과 정서적 연결은 유지할 수 있을까? 인간과 기술이 공존하는 미래는 어떤 모습일까? 우리는 이제 그 질문에 대한 답을 찾아가야 할 것이다.

라디오와 AI의 만남은 어떤 의미인가?

흔히 라디오와 AI의 결합은 방송 제작과 운영의 자동화에 초점을 맞추고 있다. AI 기반 뉴스 생성, 음성 합성, 맞춤형 추천 시스템 등 인간의 개입 없이도 콘텐츠를 생산하고 배포할 수 있는 기술적 혁신에 주목한다. 이를 통해 방송사들은 더 적은 비용과 인력으로 효율성을 극대화할 수 있지만, 이는 단순한 경제적 논리를 넘어선 문화적, 윤리적 고민을 동반한다.

라디오와 AI의 만남은 단순한 자동화 이상의 의미가 있다. 그것은 인간과 기술의 관계에 대한 근본적인 질문을 던진다. AI가 주도하는 라디오는 어떤 소리를 만들어낼 것인가? 기계가 생성한 뉴스는 인간의 판단과 공감을 대신할 수 있을까? AI DJ는 단순히 음악을 선곡하는 존재를 넘어, 청취자와 감성적으로 교류할 수 있을까? AI는 단순히 인간 방송인의 일자리를 대체할 것인가, 아니면 라디오 제작자의 역할을 재정의하는 계기가 될 것인가?

라디오는 본질적으로 인간의 목소리를 담아온 매체다. 방송인은 단순한 정보 전달자가 아니라, 감정을 공유하고 공감의 순간을 만들어 내는 존재다. 그래서 라디오는 정보 전달의 매체를 넘어선 소통과 공감의 매체였다. 그렇다면 AI와 결합한 라디오는 이 인간적인 요소를 어떻게 계승하고 발전시킬 것인가? 단순한 도구로서 존재할 것인지, 아니면 인간과 AI가 협력하는 새로운 유형의 미디어로 거듭날 것인지 고민해야 할 것이다.

AI와 라디오의 결합은 단순한 기술적 진화가 아니라, 인간의 정체성과 기술이 어떤 방식으로 조화를 이루어야 하는지에 대한 질문을 던진다. 인간이 만들어 낸 소리의 역사 속에서 AI가 가져올 변화는 단순한 편리함을 넘어, 미디어와 사회, 그리고 우리 존재의 방식 자체를 변화시키고 있다. 이제 우리는 AI와 함께하는 라디오의 미래를 단순한 효율성의 문제로 볼 것이 아니라, 인간과 기술이 어떻게 공존하고 의미를 만들어갈 것인지에 대한 깊은 사유가 필요한 시점이다.

좀비 미디어 라디오, AI를 만나 부활할 것인가?

라디오는 '좀비 미디어'라 평가를 받기도 한다. TV와 인터넷, 스마트폰의 등장으로 그 존재가 점차 희미해지며 많은 이들이 라디오의 장래를 어둡게 예측했다. 1979년 영국의 밴드 버글스(Buggles)의 '비디오(TV)가 라디오 스타를 죽였다(Video Killed Radio Star)'는 영상 매체의 등장으로 라디오가 쇠퇴할 것이라는 우려를 노래했다. 2004년 등장한 팟캐스트의 부상은 라디오의 소멸을 예측하기도 했다. 2005년 ≪와이어드(Wired)≫지는 '라디오의 종말'을 선언하며, 팟캐스트가 주파수를 통한 전통적인 라디오의 종말을 불러올 것이라 보았다. 최근에는 터치스크린 자동차 대시보드의 등장으로, 라디오 방송의 주요 청취 공간인 자동차에서조차 라디오의 입지가 약화될 수 있다는 우려가 있다(Hendricks, 2020). 하지만 라디오는 변화에 적응하며 끊임없이 생존해 왔다. 청취자와의 친밀감, 감성적 연결, 실시간 소통이라는 라디오의 본질적 가치는 끊임없이 재발견되며 유지되어 왔다.

기술의 진보는 라디오 청취 형태를 주파수 기반에서 팟캐스트, 인터넷 라디오, 스트리밍 서비스 형태로 변화시켰지만, 라디오 청취자들은 여전히 매우 굳건하게 유지되고 있다. 유네스코(UNESCO, 2014)가 "라디오는 세상에서 가장 넓은 청취자층에게 도달하는 대중매체다"라고 밝힌 것처럼, 라디오는 안팎의 많은 격변과 위협에도 불구하고 살아남았고, 오늘날에도 여전히 정보의 전달, 오락, 교육적 기능으로 인간 사이에서 소통하는 중요한 매체 중 하나다. 팟캐스트와 인터넷 라디오 그리고 스마트폰 앱의 부상, 소셜 미디어와의 결합을 통해 새로운 활로를 개척하며 오히려 진화해 왔다.

이제 AI와의 결합은 라디오를 또 한 번 재정의할 기회를 제공하고 있다. AI는 콘텐츠 제작의 자동화와 실시간 데이터 분석을 통해 청취자에게 더욱 개인화된 경험을 제공할 수 있다. AI DJ가 음악을 선곡하고 뉴스 원고를 작성하며, 청취자와 실시간으로 소통하는 시대가 열리고 있다. 이 변화는 단순한 기술적 발전을 넘어 라디오 제작 방식과 정체성을 근본적으로 흔들고 있다.

그러나 이것이 라디오의 부활을 의미하는 것일까? AI가 라디오를 보다 생명력 있는 매체로 만들 수 있을까? 아니면 오히려 인간적 요소를 잃고 또 다른 위기를 맞게 될까? AI와 라디오의 만남은 새로운 기회와 변화를 주고 있지만, 동시에 라디오의 본질과 정체성에 대한 중요한 질문을 던지고 있다.

라디오는 위기와 변화 속에서도 끊임없이 적응하며 새로운 정체성을 찾아왔다. 이제 AI와의 결합은 단순한 기술적 혁신이 아니라, 라디오가 본질적으로 무엇인지 다시 묻게 한다. 이 변화는 라디오를 재정의할 기회이기도 하다. 라디오는 과연 어떤 모습으로 진화할까? 그 미래는 기술 발전의 방향과 인간적 요소의 조화를 어떻게 설계하느냐에 따라 달라질 것이다.

AI 시대, 라디오의 본질은 무엇인가?

라디오는 단순한 정보 전달 매체가 아니다. 그것은 시간을 기록하고, 감성을 전하며, 사람과 사람을 연결하는 소통의 공간이었다. 목소리와 소리로 사람들의 일상에 스며들며, 청취자에게 위로와 공감, 공동체적 소통을 매개하는 본질적 기능을 수행해 왔다.

매클루언(McLuhan)은 라디오를 청각적 감각의 확장으로 보며, 청취자와 직접적으로 연결되는 친근한 매체로 설명했다. 라디오는 부족 사회의 북소리처럼 공동체를 결속시키는 힘을 지녔으며, 사람들의 정서와 감정을 깊이 자극할 수 있었다(김은규, 2013).

그러나 AI 시대가 도래하면서 라디오의 이러한 본질적 기능과 역할은 새로운 시험대에 올랐다. AI는 청취자의 요구와 취향을 실시간으로 분석하고, 맞춤형 경험을 제공하며 라디오에 새로운 가능성을 열어준다. 스마트 스피커와 AI 기반 서비스는 더 개인화된 인터랙티브 환경을 만들어 낸다. 이는 청취자와 라디오의 상호 작용을 강화하는 긍정적 변화로 평가될 수 있다. 하지만 동시에 라디오의 공동체적 소통 기능을 약화할 위험도 있다.

우리가 듣고 있는 소리가 진정 '인간의 이야기'인가, 아니면 정교하게 설계된 데이터의 조합인가? AI가 데이터를 기반으로 청취자의 요구를 예측할 수는 있지만, 인간만이 만들어 낼 수 있는 예상 밖의 대화와 진심 어린 공감은 여전히 기계가 넘보기 어려운 영역이다.

AI 시대에 라디오의 본질적 가치는 무엇인가? AI 시대에도 라디오는 인간과 사회를 연결하는 공감의 매체로 남을 수 있을까? 아니면 우리는 기계의 정교한 알고리즘을 인간의 감성으로 착각하게 될 위험에 빠지게 될까?

라디오, AI를 만나 어떻게 변화하고, 어떻게 변화할 것인가?

AI와 결합한 라디오는 이미 다양한 변화를 맞이하고 있다. 음성 합성 기술을 활용한 AI DJ가 방송을 진행하고, AI가 실시간으로 데이터를 분석해 청취자 맞춤형 콘텐츠를 제공한다. 광고와 마케팅에서도 AI는 중요한 역할을 하고 있다. 광고 제작에 AI가 활용되고 있으며, 청취자의 관심사를 분석하여 더욱 정밀한 타기팅이 가능해지고 있다. 더 나아가 AI는 인터랙티브 라디오 경험을 확장하고 있다. 스마트 스피커와 연동된 AI 기반 라디오는 청취자의 질문에 실시간으로 답변하고, 원하는 정보를 제공하는 등 쌍방향 소통이 가능해지고 있다. 이러한 변화는 단순히 기술적 발전에 머무르지 않는다. AI는 라디오가 청취자와 소통하는 방식 자체를 변화시키며, 기존의 일방적 전달 방식에서 벗어나 더욱 개인화되고 참여적인 미디어 환경을 구축하고 있다.

그러나 이 모든 변화 속에서도 중요한 질문이 남는다. 라디오가 AI를 통해 더욱 인간적인 매체로 진화할 것인가, 아니면 기계화된 목소리가 인간의 감성을 대체하게 될 것인가? 일찍이 브레히트가 주창한 일방적인 미디어가 아니라 대화가 가능한 진정한 커뮤니케이션 기구가 될 것인가? AI는 인간을 대체하지 않고 보완하고 인간과 협업 그리고 공존할 것인가? 이 책은 그 가능성과 한계를 함께 탐구하며, 라디오와 AI가 함께 만들어갈 미래를 조망하고자 한다.

이 책은 AI 기술이 라디오에 도입되면서 단순한 기술

적 혁신을 넘어, 라디오라는 매체의 본질과 정체성에 어떤 변화를 가져오는지를 탐구한다. AI가 라디오 콘텐츠의 생산과 운영을 자동화하고, 청취자와의 상호작용을 변화시키면서, 라디오는 새로운 시대적 전환점에 서 있다. 하지만 이러한 변화 속에서도 라디오의 인간적 요소와 감성적 연결이 어떻게 유지될 것인가? AI는 인간과 협업하며 라디오의 진화를 이끌어 갈 것인가, 혹은 인간의 역할을 대체하는 방향으로 나아갈 것인가? 이 책은 이러한 중요한 질문들에 대한 답을 찾기 위해, AI와 라디오의 관계를 다각도로 분석한다.

이를 위해 이 책은 총 10개의 장으로 구성되었다.

1장에서는 AI가 라디오 방송의 다양한 영역에 어떻게 도입되고 있는지를 살펴본다. AI가 단순히 음악을 추천하는 것을 넘어, 뉴스 원고를 작성하고, DJ 역할을 수행하며, 실시간으로 청취자와 소통하는 등 라디오 제작의 근본적인 변화를 불러오는 사례들을 탐구한다.

2장에서는 AI가 라디오 산업에 도입된 초기 사례부터 최근 AI 기반 방송의 확산까지의 흐름을 분석한다. 단순한 자동화 도구에서 시작된 AI 기술이 점차 어떻게 방송 제작과 운영의 핵심 요소로 자리 잡아 왔는지를 살펴본다.

3장에서는 AI가 뉴스 콘텐츠를 제작하는 방식과 이에 따른 변화들을 다룬다. AI가 뉴스 원고를 작성하고, 실시간으로 데이터를 분석해 뉴스 보도를 자동화하는 기술을 중심으로, 기계가 인간 기자의 역할을 얼마나 대체할 수 있는가에 대해 논의한다.

4장에서는 AI가 라디오 프로그램을 기획하고 제작하는 과정에 어떻게 개입하는지를 분석한다. AI 기반의 자동화된 편집, 맞춤형 콘텐츠 제작, 실시간 데이터 활용 등의 사례를 통해 AI와 인간 제작자의 협업 모델이 어떻게 발전할 수 있을지를 살펴본다.

5장에서는 AI 음성 합성 기술이 라디오 방송에 미치는 영향을 탐구한다. AI DJ가 기존 인간 진행자의 감성을 재현할 수 있는지, AI 음성이 청취자에게 어떻게 받아들여지는지, 기계가 만들어 낸 목소리가 인간과 감성적으로 연결될 수 있는지에 대한 질문을 던진다.

6장에서는 AI 기반 라디오 제작 프로그램들과 기술들을 소개한다. AI 알고리즘이 음악을 선곡하고, 광고를 자동 배치하며, 맞춤형 콘텐츠를 생성하는 방식이 라디오 방송의 경제성과 운영 방식을 어떻게 변화시키는지를 분석한다.

7장에서는 AI 기반 라디오가 청취자 경험을 어떻게 변화시키는지를 살펴본다. AI가 청취자의 취향을 분석하여 맞춤형 콘텐츠를 제공하고, AI DJ와의 상호작용을 가능하게 하는 기술이 청취 형태에 미치는 영향을 분석한다.

8장에서는 AI가 공동체 라디오의 역할과 기능을 어떻게 변화시키는지를 탐구한다. 공동체 라디오의 특성상 AI를 통해 접근성을 높일 기회가 있는가? 아니면 기술이 오히려 공동체적인 소통을 약화하는가에 대한 고민을 담았다.

9장에서는 AI가 라디오 산업에 미치는 윤리적, 법적, 사회적 영향을 분석한다. AI DJ가 인간 진행자의 일자리를 대체하는 문제, AI가 생성하는 콘텐츠의 신뢰성과 편향성 문제, AI가 인간적 감성을 구현하는 데 따르는 윤리적 딜레마 등을 다룬다.

10장에서는 AI와 라디오의 관계가 앞으로 어떻게 발전할 것인지에 대한 전망을 제시한다. AI가 단순히 효율성을 높이는 기술로 남을 것인지, 아니면 인간과 협업하는 새로운 미디어 환경을 구축할 것인지, AI와 인간이 공존하는 라디오의 미래는 어떤 모습일 것인지에 대해 논의한다.

이 책은 단순히 AI 기술이 라디오에 적용되는 현상을

설명하는 것을 넘어, 기술과 인간의 관계, 미디어의 본질, 청취 경험의 변화, 그리고 윤리적 고민까지 폭넓게 다루며 AI 시대의 라디오가 나아가야 할 방향을 모색한다. AI와 라디오의 만남이 단순한 혁신이 아니라 문화적·사회적 변혁의 중심에 서 있다는 사실을 인식할 때, 우리는 더욱 의미 있는 미래를 만들어 갈 수 있을 것이다.

참고문헌

김은규(2013). 《라디오혁명》. 커뮤니케이션북스.

Hendricks, J. A.(Ed.).(2020). *Radio's second century: Past, present*, and future perspectives. Rutgers University Press. 유창수 옮김(2021). 《라디오의 새로운 100년: 과거, 현재, 그리고 미래》. 한울.

UNESCO(2014). "UNESCO Office Commemorates World Radio Day 2014".

01
라디오 속 AI

AI는 라디오 스타를 대체할 것인가? TV가 라디오의 전성기를 흔들었던 것처럼, AI가 또 다른 전환점을 예고하고 있다. 인간이 아닌 AI가 라디오 원고를 작성하고, 음악을 큐레이션하며, 심지어 라디오 DJ가 되어 방송을 진행하고 있다. 이러한 변화는 단순한 기술 혁신을 넘어 라디오의 제작 방식과 운영 철학을 근본적으로 변화시키고 있다. 이 장에서는 AI가 라디오 분야에서 어떻게 적용되고 있는지, 그 흐름과 의미를 살펴보고자 한다.

AI와 1인 창업?

AI Killed the Radio Star?

1979년 영국의 밴드 버글스는 '비디오(TV)가 라디오 스타를 죽였다(Video Killed the Radio Star)'를 통해 영상 매체의 등장으로 라디오가 쇠퇴할 것이라는 우려를 노래했다. 40여 년이 지난 지금, 우리는 인공지능이 라디오 스타를 죽였나(AI Killed the Radio Star?)'라는 새로운 질문과 마주하고 있다. 전자가 시각 중심의 영상 매체가 라디오의 소비 방식을 변화시킨 현상을 상징한다면, 후자는 AI 기술이 라디오 제작과 운영의 패러다임을 바꾸고 있음을 보여 준다.

AI는 이제 단순한 조력자를 넘어 라디오 PD, 작가, DJ의 역할을 재정의하고 있으며, 청취자 경험의 근본적인 변화를 이끌고 있다.

라디오 방송에서 AI 도입 사례는 전 세계적으로 증가하고 있다. 미국의 대형 라디오 방송사 아이하트미디어(iHeartMedia)는 2023년 6월 'AI 애슐리(AI Ashley)'라는 AI DJ를 도입했다. 이 DJ는 인간 진행자인 애슐리 엘진가(Ashely Elzinga)의 목소리를 학습해 날씨 정보, 최신 뉴스, 음악 소개를 실시간으로 전달한다. 2023년 12월, 스위스 공영 방송 라디오 텔레비지옹 스위스(Radio Television Switzerland, RTS)는 13시간 동안 AI가 방송의 전 과정을 맡는 실험적 라디오 프로그램을 진행했다. 이 방송은 챗지피티(ChatGPT)를 이용해 대본을 작성하고, AI가 실제 인간 진행자의 목소리를 복제한 음성으로 방송했다. AI가 음악을 선곡할 뿐만 아니라 직접 작곡한 음악까지 들려주었다. 한국의 KBS는 2024년 9월부터 AI DJ '제니크(Xenique)'가 진행하는 〈스테이션 X〉를 새벽 1부터 2시까지 방송하며, AI 기반 라디오의 가능성을 실험하고 있다.

이러한 변화는 라디오 콘텐츠 제작과 운영 방식에서 AI가 핵심 역할을 차지하고 있음을 시사한다. AI 도입은 라디오 콘텐츠 생산의 효율성을 극대화할 수 있으며, 청취자의 선호에 맞춘 정밀한 맞춤형 콘텐츠 제공을 가능하게 한다. 하지만, AI 라디오의 확산은 인간 DJ가 전달하는 감성과 개성, 즉흥적인 유머와 감정적 상호작용이 상실될 우려를 낳는다.

AI, 라디오의 보조에서 중심으로

AI 기술은 라디오 방송에서 초기에는 반복적이고 시간이 많이 소요되는 단순한 보조 도구였으나, 점차 제작과 운영의 중심으로 자리 잡고 있다. 2010년대 초반, 판도라(Pandora)와 스포티파이(Spotify) 같은 음악 스트리밍 플랫폼은 AI 기반 알고리즘을 통해 청취자의 음악 선호도를 분석하고 맞춤형 플레이리스트를 제공했다. 라디오 방송에서도 비슷한 방식으로 활용되었다. 당시 AI는 음악 추천과 간단한 정보를 음성으로 전달하는 수준이었다.

2017년 일본의 라디오 방송에서는 음악 선곡과 텍스트를 음성으로 읽어주는 'AI 어시스턴트 토미(Tommy)'가 등장했다. '토미'는 아마존 웹 서비스(AWS)의 '아마존 폴리(Polly)'를 활용해 문장을 음성으로 읽어주는 기능을 수행했으나, 발음과 문장 연결이 완벽하지 않아 어색한 수준이었다.

이처럼 이 시기의 AI는 어디까지나 보조적인 성격에 머물렀고, 라디오 콘텐츠의 창의적 요소는 여전히 인간 제작자와 진행자에 의존했다.

그러나 최근 AI는 라디오 방송 제작과 운영 전반에서 중요한 역할을 수행하고 있다. 2023년 퓨처리 미디어(Futuri Media)는 '라디오지피티(RadioGPT)'를 출시했다. 이 시스템은 실시간 소셜 미디어 데이터를 분석해 인기 있는 주제를 파악하고, 이를 기반으로 방송 대본을 생성하며, 인간의 개입 없이도 완전한 자율 방송을 가능하게 했다. 자료 수집에서 방송 송출까지 원스톱으로 진행되는 새로운 라디오 제작 모델이 등장한 것이다.

AI DJ의 도입은 AI의 가능성을 실감하게 하는 계기가 되었다. AI DJ는 인간의 목소리를 재현하며 실시간으로 방송을 진행하고 청취자와 상호작용하는 수준으로 발전하고 있다. 이는 AI가 기존 방송의 보조 역할을 넘어, 라디오 방송의 패러다임 자체를 변화시키고 있음을 의미한다.

라디오 영역의 AI 기술은 특정 프로그램에 적용되는 것을 넘어, AI만으로도 방송을 제작하고 운영하는 형태로 확장되고 있다. 2024년 10월, 독일 바이에른 주는 풀타임(full-time) AI 기반 DAB+ 라디오 방송사를 승인했다. 이 방송사는 모든 방송이 AI로 제작되고 운영된다.

AI는 제작비와 운영비를 절감하며 효율성을 극대화할 수 있는 도구로 인식된다. 또한, 데이터 기반으로 다양한 콘텐츠를 생성하며 기존 라디오에서 다루기 어려웠던 독특한 주제와 형식을 제안할 가능성을 열어 준다.

AI와 청취자 경험의 재구성

그러나 AI가 중심으로 부상하면서 인간 진행자의 역할과 감성적 연결이 약화될 수 있다는 점은 중요한 도전 과제로 남아 있다. AI는 데이터를 기반으로 한 정확성과 효율성을 제공하지만, 인간만이 전달할 수 있는 감성과 공감은 여전히 라디오의 본질적인 가치이기 때문이다.

이와 동시에 AI 기술은 청취자 경험을 다각적으로 변화시키며 새로운 가능성을 열고 있다. AI 기반 인터랙티브 라디오가 등장하면서 청취자는 AI와 실시간으로 대화하고, 맞춤형 콘텐츠를 제공받으며 더욱 개인화된 경험을 누릴 수 있게 되었다. 이는 단순한 콘텐츠 제공을 넘어, 청취자 참여형 라디오 프로그램이 확대될 가능성을 시사한다.

스마트 스피커와 연동된 AI 라디오는 청취자의 질문에 실시간으로 응답하거나 기분과 상황에 맞춘 음악을 추천하며 청취자와의 쌍방향 소통을 강화한다. 그러나 이러한 맞춤형 경험이 청취자들을 기존 선호에 갇히게 하거나, 라디오의 즉흥성과 발견의 즐거움을 제한할 우려도 존재한다.

AI, 인간과 협업인가? 대체인가?

AI는 라디오 방송에서 인간과 협업할 것인가, 아니면 대체할 것인가? 이 질문은 AI 기술이 방송 산업에 도입되면서 지속적으로 제기되는 논쟁이다. AI는 반복적이고 데이터 중심적인 작업을 자동화해 제작 효율성을 높이는 도구로 활용될 수 있다. 예를 들어, AI는 청취자의 취향을 분석해 맞춤형 콘텐츠를 제공하고, 트렌드를 실시간으로 반영한 대본과 선곡을 제안할 수 있다. 이는 인간 진행자가 더 창의적이고 감성적인 역할에 집중할 수 있도록 돕는 장점이 있다.

그러나 AI가 인간 진행자의 역할을 대체할 가능성도 배제할 수 없다. AI DJ는 뉴스 전달, 음악 소개, 청취자 사연 읽기 등 다양한 역할을 수행할 수 있지만, 인간 진행자의 개성과 감성은 재현하기 어렵다는 한계가 있다.

청취자 반응도 엇갈린다. 일부는 AI DJ의 진행에 대해 긍정적으로 평가하지만, "인간적 감정이 부족하다"며 정서적 연결의 부재를 아쉬워하는 의견도 있다. 실제, 스위스 RTS의 AI 방송 당시 청취자 반응의 대부분은 "멋지지만 인간적인 요소가 빠져 있다"는 것이었다.

AI의 도입에 대한 우려는 인간의 일자리 위협에 대한 우려로 이어지기도 한다. 2024년 10월 폴란드 오프 라디오 크라쿠프는 저널리스트를 해고하고, AI 진행자로 대체해 논란을 빚기도 했다.

AI와 인간의 관계는 단순히 역할 분담을 넘어, 기술적 가능성과 인간적 가치를 조화롭게 공존하는 문제로 확장된다. AI는 인간 진행자가 부족한 영역에서 공백을 메

우는 중요한 도구로 작용할 수 있지만, 인간 진행자만이 전달할 수 있는 감성적 유대감과 창의적 해석은 여전히 대체하기 어렵다. AI가 인간의 역할을 대체할 것인지, 아니면 협업을 통해 라디오 방송을 더욱 풍성하게 만들 것인지는 기술 발전의 방향성과 사회적 논의에 따라 달라질 것이다.

결국 AI와 인간의 관계는 경쟁적인 대체보다는 상호 보완적 협력으로 나아가야 한다. AI는 반복적이고 데이터 중심적인 작업을 담당하며 제작의 효율성을 높이는 동시에, 인간 진행자는 감성과 창의성을 통해 청취자와의 정서적 연결을 유지하는 핵심 역할을 맡을 때 AI와 인간의 강점을 모두 살릴 수 있는 새로운 차원의 매체로 자리 잡을 수 있을 것이다.

AI와 인간의 협업은 단순한 기술적 진화가 아니라, 미디어의 본질과 정체성에 대한 근본적인 질문을 던진다.

참고문헌

AI리포터(2023.6.19). "美 라디오 방송사, 인공지능 DJ 선봬…업계 고용불안 심화". 《디지털투데이》.

KBS(2024.9.2). "KBS 쿨FM 국내 최초 인공지능 DJ 도입…'인간-AI 공존 실험'". 《KBS뉴스》.

김다윤(2017.10.17). "음악과 기술의 결합, Spotify".

《디지털인사이트》.
뉴시스(2024.10.23). "波 라디오, 저널리스트 해고 후 AI 진행자로 방송 재개…논란".
류지운(2023.7.10). "'인공지능 DJ가 생방송 진행까지'…해외에선 업계 혼란 우려, 국내에서는?". 《데일리안》.
방송통신기술산업인전자원개발위원회(2023). "생성형AI가 방송산업 및 인적자원에 미치는 영향". 《이슈리포트》, 2023 2분기.
정철환(2024.1.8). "AI로 100% 제작한 스위스 라디오 생방송... '감쪽같다, 놀랍다'". 《조선일보》.
크라우드웍스(2023.6.28). "인공지능 트렌드#04 스포티파이는 인공지능을 어떻게 활용했을까?".
한누리(2023.5.3). "[AI미래 2050] 라디오까지 장악한 인공지능...스위스 라디오, AI 디제이가 방송 진행하는 실험 진행". 《AI라이프 경제》.
한준호(2017). "라디오서 들려온 어설픈 발음... 정체는 'AI'". 《아주경제》.
RadyoMaN Reynold Arca(2023.9.15). The Fusion of Human and Artificial Intelligence Sets a Trend in Radio Entertainment. iFM News Iloilo. https://www.ifmiloilo.net/the-fusion-of-human-and-artificial-intelligence-sets-a-trend-in-radio-entertainment.html
Tuoi Tre Newspaper(2024.10.25). "Polish radio station fires dozens of reporters, replaces them with AI". https://www.vietnam.vn/ko/dai-phat-thanh-ba-lan-duoi-hang-chuc-phong-vien-thay-bang-ai/

02
라디오와 AI의 역사

라디오 방송에서 AI 기술의 도입은 최근 몇 년 사이 급격히 확산되었지만, 그 시작은 훨씬 이전으로 거슬러 올라간다. 초기 AI는 음성 합성 기반 뉴스 낭독과 음악 추천 같은 보조 역할에 머물렀다. 챗GPT의 등장 이후, AI는 대본 작성, 음악 선곡, 실시간 진행까지 담당하며 라디오 방송의 핵심 요소로 자리 잡았다.

AI와 MBTI?

챗GPT 이전: 라디오와 AI의 만남

AI가 라디오 방송에 본격적으로 도입되기 전에도 기술적 실험은 꾸준히 이루어졌다. 2000년대 초반 미국 국립기상청(NWS) 날씨 정보 라디오 방송사 NOAA는 '폴(Paul)'이라는 컴퓨터 음성을 활용해 일기 예보를 전했다. 2011년 미국 텍사스주 샌안토니오의 KROV 라디오 방송사는 AI DJ '데니스(Denise)'를 도입해 문자 녹음, 전화 응답 등의 기능을 수행했다. 데니스는 AI 프로그램으로 전화 응답, 이메일, 웹 검색 수행 및 약속 잡기 등의 작업을 수행하는 가상 비서 역할을 하도록 구축된 프로그램인데, 샌안토니오의 라디오 진행자가 프로그램을 구입해 DJ 역할을 하도록 프로그래밍했다. 그러나 방송 원고 작성과 오디오 트랙의 재생 목록 통합은 인간이 맡아야 했기에 완전한 자동화는 어려웠다.

2010년대 중반부터 AI DJ와 가상 진행자 도입이 본격적으로 시도되었다. AI 기반 DJ 시스템은 음악을 자동으로 큐레이션하고, 진행 원고를 작성하며, 인간 목소리를 복제해 방송을 진행하는 역할을 맡았다. 이러한 시도는 인간 진행자가 부재한 시간대나 비용 절감을 목표로 한 소규모 방송사에서 주목을 받았다. 또한 AI 스피커와 음성 서비스가 대중화되면서 라디오에 이를 접목해 활용하는 시도가 많아졌다.

일본 FM 와카야마(和歌山) 방송사는 2017년부터 아마존 웹 서비스(AWS)의 '아마존 폴리(Polly)'를 활용해 심야 시간대와 이른 아침 방송을 자동화했다. 또 요코하마의 라디오 방송사 '제이 웨이브(J-WAVE)'에서는 IBM의 AI 왓슨(Watson)을 활용한 라디오 AI 어시스턴트 '토미'를 고정 출연시켰다. '토미'는 매주 금요일 오후 10시 프로그램에서 출연해, 초대 손님의 SNS와 과거 기사, 출연 작품 정보를 수집·분석하고 출연자의 성격을 분석했다.

한국에서도 AI 기술을 활용한 다양한 실험이 진행되었다. KBS는 2019년 〈박원의 키스 더 라디오〉라는 프로그램에서 'AI와 인간의 선곡 배틀'이라는 코너를 진행했다. 이 프로그램은 6개월간, 인터넷 스트리밍 사이트와 협력해 청취자의 사연을 토대로 인간 PD가 선곡한 곡과 AI가 추천하는 음악을 들려주고 선호도 투표와 누가 선곡했는지를 맞히는 등의 코너를 제공했다. 2020년에는 SK텔레콤의 AI 음성 서비스 '누구(NUGU)'와 협업해, AI가 진행하는 음악 방송 〈누군가 어딘가에〉를 오디오 DMB(U-KBS)와 2라디오를 통해 송출했다. 이 방송은 PD가 작성한 원고와 큐시트를 통신사에 보내면 AI 음성 합성으로 변환해 방송사에 전달하고, 이를 PD가 편집해 송출하는 방식으로 진행되었는데, 2023년 9월까지 방송했다. 같은 해 KBS는 딥러닝 기반 음성 합성 AI 기술을 이용한 재난 안내 방송도 도입했다.

2021년 9월에는 KT가 인기 라디오 DJ였던 고(故) 신해철 씨의 음성을 AI 기술로 복원해 라디오 콘텐츠로 제작하며 기계 합성에서 벗어나 감성적 연결 가능성을 선보였다. 같은 해 10월 경인방송 iFM은 청취자 사연을 바탕으로 AI가 창작한 음악을 청취자에게 소개했다. 또 여수 MBC는 인간 아나운서의 목소리를 학습한 AI 아나운서를 TV와 라디오 뉴스에 도입해 1년여 동안 운영했다.

미국에서도 2021년 남부 캘리포니아의 공영 방송사 KCSN은 진행자 '앤디 챈리(Andy Chanley)'의 목소리를 학습한 AI DJ '앤디(ANDY)'를 도입했다. AI DJ 앤디는 기존의 단순 음성 합성에서 발전해, 텍스트 입력만으로도 자연스러운 방송이 가능했다. 이 기술은 음악 자동화와 텍스트 생성 기능을 결합해 인간 DJ처럼 방송 흐름을 자연스럽게 이어주는 형태로 발전했다.

AI가 초기 라디오 방송에서 활용된 방식은 주로 음성 합성과 자동화된 정보 전달에 국한되었다. 그러나 이 기술은 이후 AI가 콘텐츠 제작 과정으로 확장되는 기반이

되었다. 2010년대 AI 도입 초기에는 자동화와 기계적 음성 기술을 중심으로 발전했으나, 2020년대 초반에는 인간 목소리 학습과 감성적 연결을 시도하며 라디오 방송에 새로운 변화를 가져왔다.

이 과정에서 AI는 단순한 정보 전달을 넘어, 청취자와 정서적으로 연결될 가능성을 모색하는 기반을 마련했다. 그러나 당시 AI는 인간 진행자의 감성과 창의성을 재현하는 데 한계를 보였으며, 정보 전달 속도를 높이는 데는 성공했으나 자연스러운 발음과 감정 표현에는 부족함이 있었다. 이러한 초기 AI 시스템은 기계적이고 단조로운 음성으로 인해 청취자 만족도가 낮았고, 인간적 요소의 중요성을 다시금 확인해 주었다.

챗GPT 이후: 생성형 AI와 라디오의 변혁

2022년 11월, '챗GPT'가 등장하면서 AI가 라디오 방송에서 단순한 보조 역할을 넘어 콘텐츠 기획과 진행을 직접 수행하는 단계로 발전했다. 챗GPT 기반의 AI 기술은 뉴스 원고 작성, 음악 선곡, 실시간 진행 등 방송 제작의 자동화를 가속화하며 전 세계 방송사에 큰 영향을 끼쳤다.

2023년 초, 미국 퓨처리 미디어는 '라디오GPT'를 출시하며 AI 라디오 방송의 새로운 전환점을 마련했다. 이 시스템은 챗GPT의 자연어 생성 기술을 활용해 라디오 대본을 자동으로 작성하고, AI 음성 합성을 통해 방송을 진행한다. 라디오GPT는 소셜 미디어와 뉴스 데이터를 분석해 특정 지역과 청취자의 관심사에 맞춘 방송을 자동 생성할 수 있도록 설계되었으며, 미국과 캐나다 내 여러 방송사에서 이를 테스트하고 도입하고 있다.

미국 오레곤의 아이하트미디어의 라이브(Live) 95.5는 2023년 6월, 진행자 애슐리 엘린가의 목소리를 복제한 'AI 애슐리'를 도입해 교대로 방송을 진행했다. AI 애슐리는 뉴스를 읽고 청취자들의 사연을 소개하며 실시간 대화도 가능하다. AI 애슐리의 대본은 GPT-4 기반 라디오GPT 시스템을 통해 소셜 미디어와 다양한 뉴스 소스를 스캔해 생성된다. 다만, 부정확한 뉴스가 유포되지 않도록 인간이 콘텐츠를 검수하고 편집하는 과정을 거친다.

유럽 여러 국가에서도 AI 라디오 도입이 빠르게 진행되고 있다. 슬로바키아 펀 라디오(Fun radio)는 2023년 3월, AI DJ와 인간 진행자의 방송을 비교하는 실험을 진행했다. 스위스의 공영 방송사인 RTS는 스위스 프랑스어 방송사 쿨뢰르 3(Couleur 3)에서 2023년 4월, AI가 제작한 방송을 하루 동안 송출하는 실험을 진행했다. AI는 대본 작성과 음악 재생 목록 선택, 기존 DJ들의 목소리 학습을 통해 스타일을 모방하며 방송을 진행했다. 체코의 라디오 익스프레스 FM(Radio Express FM)은 2023년 6월, AI 목소리 '핫시코(Hacsiko)'를 야간 방송에 도입했다. 핫시코는 챗GPT로 대본을 작성하고 모닝쇼 진행자 바라하치(Bara Hacsi)의 음성을 모방했다. 독일 안테네 도이칠란트(Antenne Deutschland) DAB+ 라디오는 2023년 6월, AI로 진행되는 앱 스트리밍 라디오 방송을 시작했다. 이 방송의 AI 진행자인 카이(kAI)는 청취자에게 지난 10년 동안의 팝과 댄스 히트곡을 소개하고, AI 기술 관련 정보를 제공했다. 폴란드 라디오 파이커리(Radio Piekary)는 2023년 7월, AI 진행자 '바시아(Basia)'가 첫 라디오 쇼를 진행했다. 폴란드 라디오 크라쿠프는 2024년 10월, 오프(OFF)라는 채널을 론칭하며 AI가 진행하는 방송을 도입했다. 이 방송국은 AI가 생성한 3명의 AI 캐릭터가 외모, 성격, 관심사까지 설정된 형태로 프로그램을 진행했다. 영국 데번(Devon) 지역의 이스트 데번 라디오(East Devon Radio)는 2023년 8월 FM 및 DAB+ 방송에 AI 음성으로 지역 뉴스 속보 서비스를 실시했다. 벨기에 노스탈지(Nostalgie) 방송사는 2024년 1월, 'AI 할머니 마미 리아(Mamie L'IA)'라는 이

름의 AI 진행자와 인간 진행자가 함께 매일 저녁 리얼리티 쇼를 진행하며, 두 노인 여성 목소리를 결합해 독특한 방송 형식을 선보였다. 이 프로그램은 AI와 실제 진행자가 대화하는 형태의 콘텐츠로 청취자에게 독특한 경험을 제공했다. 핀란드의 라디오 루프(Radio Loop)는 2024년 11월, 오후 3~7시 시간대에 AI가 제작하고 진행하는 방송을 도입했다.

아시아 역시 AI 라디오 도입이 활발하게 진행되고 있다. 말레이시아의 플라이(Fly) FM은 2023년 6월, AI DJ '아이나 사브리나(Aina Sabrina)'를 선보였으며, 한국의 강원교통방송사는 2023년 4월, 챗GPT와 네이버 클로버더빙 프로그램을 활용해 라디오 DJ가 된 챗GPT 방송을 진행했다. 이 방송에서 챗GPT는 직접 음악을 선곡하고 PD들의 질문에 따라 대본을 작성했으며, AI 음성 변환 프로그램을 활용해 더빙했다. SBS는 2023년 8월, 'AI화정'을 도입해 인기 DJ 최화정의 목소리를 학습한 AI가 대본을 읽고 노래를 선곡했다. 같은 해 11월에는 SBS 음악 플랫폼에 AI 선곡 기능을 더한 'AI 음악 선곡 서비스'를 오픈했다. 2024년 9월, KBS는 국내 최초로 생성형 AI DJ '제니크'가 진행하는 정규 라디오 프로그램 〈스테이션 X〉를 시작했다. 이 프로그램은 네이버의 생성형 AI기술을 활용 대본작성과 선곡 그리고 음성 합성을 결합하며 AI DJ의 새로운 가능성을 제시했다.

이 사례들은 챗GPT 이후 AI 기술이 라디오 방송의 핵심 요소로 자리 잡았음을 보여 준다. AI는 대본 작성, 음악 선곡, 실시간 진행을 포함한 방송 전 과정을 자동화하며, 인간 목소리 학습과 맞춤형 콘텐츠 생성으로 라디오 방송의 패러다임을 변화시키고 있다. 다만, 이러한 자동화가 인간 진행자의 감성과 창의성을 대체할 수 있을지에 대한 논의는 여전히 지속되고 있다.

참고문헌

SBSbiz(2019.12.11). "인포스탁데일리, 국내 최초 '실존 인물 AI 앵커' 선보인다".

SBS사보(2023.12.7). "AI 음악 선곡 서비스 AI MUSIC 오픈".

김고은(2020.3.18). "'라디오 진행자 목소리 좋은데?'... 그 진행자 사람 아니라는데요". 《한국기자협회》.

김나연(2024.4.15). "취향 맞춰 음악 골라주고 해설까지... 'AI DJ' 음원플랫폼서 확대". 《Radiokorea》.

김민선(2020.8.10). "마인즈랩, KBS 재난안내 방송에 음성합성". 《ZDNET Korea》.

김준혁(2022.5.6). "가상인간 라디오 출연 임박…네이버 AI기술로 '로지' 목소리 탄생". 《파이낸셜뉴스》. https://www.fnnews.com/news/202205061526518858

김지현(2024.9.3). "하이퍼클로바X가 국내 최초 생성형 AI 라디오

DJ로 데뷔한 사연". 《한국일보》.
나은경(2021.9.12). "'AI로 복원한 신해철 목소리'...KT, 'AI DJ, 신해철과의 만남' 공개". 《뉴스핌》.
네이버 클로바(2024.9.2). "[CLOVA AI] 국내 최초 생성형 AI DJ 라디오 프로그램, STATION X". 네이버 클로바 팀 블로그. https://blog.naver.com/clova_ai/223569474903
뉴시스(2024.10.23). "波 라디오, 저널리스트 해고 후 AI 진행자로 방송 재개…논란". 《뉴시스》.
류지윤(2023.7.10). "인공지능 DJ가 생방송 진행까지...해외에선 업계 혼란 우려, 국내에서는?". 《데일리안》.
박광하(2021.10.8). "이모션웨이브, AI 라디오 생방송 구현". 《정보통신신문》.
박서연 · 금준경(2023.5.31). "[인공지능의 두 얼굴] 라디오 DJ된 챗GPT에 소감 물었더니 소름 돋는 답변이 돌아왔다". 《미디어오늘》.
박지은(2021.10.5). "여수MBC, 국내 메인 · 라디오 뉴스에 첫 AI 도입". 《한국기자협회》.
이서희(2023.6.20). "방송 원고 쓰고 라디오 진행까지 하는 AI... 성우들이 떨고 있다". 《한국일보》.
이정현(2020.11.9). "MBN, 국내 방송사 최초로 인공지능 앵커 도입". 《연합뉴스》.
정철환(2024.1.8). "AI로 100% 제작한 스위스 라디오 생방송... "감쪽같다, 놀랍다"". 《조선일보》.
최인해(2019.8.7). "NHK의 AI 기반 스마트 프로덕션 소개". 《방송과 기술》.
한정훈(2023.4). "미디어에 파고드는 AI-AI 앵커, AI DJ 및 AI 운영 라디오도 등장". 《해외방송정보》, 2023년 4월호. KBS.
한준호(2017). "라디오서 들려온 어설픈 발음... 정체는 'AI'". 《아주경제》.

황재하(2023.8.20). "AI와 라디오 진행한 최화정 "사람의 온도는 따라하지 못해"". 《연합뉴스》.

Brejčak, P.(2023.6.21). Radio od Seznamu nasadilo umělu inteligenciu ako moderatorku. Nevadi ji nočni služby, kvituje Lukačovič. CzechCrunch.

Broadband TV News Correspondent(2023.11.13). Antenne Deutschland launches Germany's first AI radio station. Broadband TV News.

Europa 2.(2019.12.2). "Toto je naša nova kolegynka Evička. Už si ju počul hlasiť spravy v našom radiu?". https://www.europa2.sk/1641/europa-2-predstavuje-novu-moderatorku-toto-je-eva/

FunRadio(2023.1.3). "HLASUJ: Sajfa skusil umelu inteligenciu, ktora mu napisala vstup do radia. Je lepši ako jeho vlastny?".

Furtakova, L. & Janačkova, Ľ.(2023.1). AI in radio: The game changer you did not hear coming. *Conference paper in media & marketing identity.*

Futuri. https://futurimedia.com/

Lee, J. & Ross, R.(2021.12.3). That radio DJ you hear might already be a robot. Reuters.

M, N.(2023.4.27). UAE: 102.4 Mirchi introduces the world's first AI presenter on a commercial radio station. GULFBUZZ.

Moss, B.(2024.11.29). Radio cloud brings AI voice to Finland. REDTECH.

Petaling Jaya(2023). "Aina Sabrina: The Malaysia's first AI radio DJ". https://www.mediaprima.audio/aina-sabrina-the-malaysias-first-ai-radio-dj/

Preston, C. et al.(2023.9.4). Radio broadcasters sound off on

artificial intelligence. abcNEWS.
Roach, J.(2011.8.17). Non-human DJ gets radio gig. NBC News.
Ross, T. C.(2024.10.24). Bavaria approves all AI DAB+ Station. RadioWorld.
Tuoi Tre Newspaper(2024a.1.10). "'AI Grandma' becomes Belgian radio announcer".
Tuoi Tre Newspaper(2024b.10.25). "Polish radio station fires dozens of reporters, replaces them with AI".

03
AI와 라디오 뉴스

라디오는 오랜 시간 동안 신속하고 신뢰할 수 있는 뉴스 전달 매체로 자리 잡았다. 최근 AI 기술은 라디오 뉴스 제작에서 혁신적인 도구로 자리 잡으며, 뉴스 수집, 작성, 편집, 음성 합성까지 자동화된 뉴스 전달 시스템을 가능하게 만들고 있다. AI 뉴스 시스템은 실시간 데이터 분석과 맞춤형 뉴스 제공을 통해 효율성을 높이는 한편, 저널리즘의 윤리와 신뢰성에 대한 중요한 논의를 불러일으키고 있다.

AI와 난임 극복?

라디오 뉴스의 진화와 AI의 도입

라디오 뉴스는 1920년대부터 신속하고 신뢰할 수 있는 정보 전달 매체로 자리 잡았다. 이동 중에도 청취가 가능하고, 시각적 접근이 어려운 상황에서도 중요한 정보원으로 인식된다. 특히 지진, 태풍 등 재난 상황에서는 라디오 뉴스의 가치가 더욱 부각된다(강주현, 2020).

라디오 뉴스는 단순한 속보 전달을 넘어 심층적 정보 제공의 역할도 수행해 왔다. 전문가를 초청해 특정 이슈를 깊이 다루는 형식은 라디오 뉴스를 심층적 매체로 인식하게 했다. 그러나 디지털 미디어의 발달로 라디오 뉴스 이용이 감소하며, 변화하는 미디어 환경 속에서 경쟁력을 유지하기 위한 혁신이 필요해졌다.

AI 기술은 이러한 변화 속에서 라디오 뉴스 제작과 전달 방식에 새로운 가능성을 열고 있다. 2016년 이후, 로이터(Reuters), AP, ≪워싱턴 포스트(The Washington Post)≫ 등 주요 뉴스 기관들은 데이터 기반 뉴스를 자동으로 생산하기 시작했다. 초기에는 데이터 중심의 뉴스 생성 수준에 머물렀지만, 챗GPT와 같은 대규모 언어 모델의 등장으로 심층적이면서 자연스러운 뉴스 콘텐츠 생성이 가능해졌다. 최근에는 소규모 언론사와 지역 라디오 방송사도 이를 도입하여 뉴스 제작의 효율성을 높이고 있다. AI는 실시간 데이터 분석과 개인화된 맞춤형 뉴스 제공을 통해 뉴스 소비 패턴의 다양성에 대응할 수 있도록 돕는다.

결론적으로, AI는 라디오 뉴스가 전통적 강점을 유지하면서도 새로운 요구에 대응할 수 있도록 돕는 핵심 기술로 자리 잡고 있다. 라디오 뉴스는 단순한 정보 전달 매체를 넘어 AI와 협력해 신속하고 포괄적인 뉴스를 제공하는 새로운 방향으로 나아가고 있다.

AI 라디오 뉴스의 특징과 가능성

AI가 라디오 뉴스 제작에 도입되면서 몇 가지 핵심적 변화가 나타났다.

첫째, 뉴스 작성과 음성 합성의 자동화가 이루어졌다. 퓨처리 미디어의 라디오GPT는 소셜 미디어와 뉴스 사이트 데이터를 검색해 뉴스를 작성하고 이를 음성화한다. 기존에는 AI로 작성한 뉴스를 별도로 음성화했지만, 이 과정이 완전 자동화되었다. '라디오 뉴스 AI(RadioNews AI)' 프로그램도 지역 웹사이트 등에서 콘텐츠를 수집해 뉴스, 스포츠, 날씨 및 교통 정보를 자동 생성하고 음성화해 제공한다. 이는 긴급 상황에서 신속하고 지속적인 정보 전달이 필요한 경우에 특히 유용하다. 일본과 미국은

AI 기반 자동 뉴스 생성 시스템을 활용하여 지진, 태풍, 홍수 등 자연 재해 발생 시 신속하게 경고 방송을 송출하는 실험이 이루어지고 있다. 미국 플로리다주 재난관리국(Division of Emergency Management), 플로리다대학교(University of Florida), 퓨처리 미디어가 공동으로 허리케인 및 기타 자연 재해의 위협으로부터 주민들을 더 잘 보호하기 위해 AI를 활용하는 프로젝트를 진행하고 있다.

둘째, 개인화된 뉴스를 제공한다. AI는 청취자의 검색 기록과 이용 패턴을 분석해 맞춤형 콘텐츠를 제공함으로써 뉴스 소비 경험을 향상한다.

셋째, 지역 뉴스 접근성과 다국어 서비스가 확대된다. AI는 지역 뉴스를 자동으로 선별하고 실시간으로 제공할 수 있다. 최근 지역 뉴스가 사라지는 뉴스 사막화 문제가 심각해지고 있는데, AI 기술을 활용하면 이러한 지역 뉴스의 공백을 메울 수 있다. 영국 데번 지역의 이스트 데번 라디오는 2023년부터 AI 음성을 활용해 지역 뉴스 속보를 제공하고 있다. 또한 AI 기반 실시간 번역 및 음성 합성 기술을 통해 다양한 언어로 뉴스를 송출할 수 있다. 이는 다문화 사회에서 언어 장벽을 낮추고 다양한 청취자에게 정보를 제공할 수 있도록 돕는다. BBC는 AI 기반 음성 합성 기술로 다양한 언어의 뉴스 콘텐츠 제작을 연구하고 있으며, 유럽 일부 국가에서 AI를 활용한 다국어 라디오 뉴스 방송이 시험 운영되고 있다. 미국 플로리다의 재난 방송 프로젝트는 AI를 활용해 실시간 다국어 번역 서비스를 제공하고 있다.

결과적으로, AI 뉴스는 라디오 방송이 단순한 정보 전달 매체를 넘어 신속하고 포괄적인 뉴스 서비스를 제공할 수 있도록 돕는다. AI는 지역 뉴스의 접근성을 높이고, 재난 대응력을 강화하며, 다국어 서비스를 확대해 라디오가 더 다양한 청취자를 포용할 수 있는 기반을 마련하고 있다.

AI 라디오 뉴스에 대한 인식

AI가 라디오 뉴스 제작에 도입되면서 청취자들의 반응은 엇갈리고 있다. 퓨처리 미디어(2024) 조사에 따르면 응답자의 다수는 AI가 뉴스 제공을 개선할 수 있다고 긍정적으로 평가했으나, 신뢰성과 인간적 교감 부족을 우려하는 목소리도 적지 않았다. BBC의 AI 뉴스 서비스에 대한 분석에서도 시청자들은 AI 뉴스 생산에 대해 부정적이었다(주대우, 2024). AI 뉴스 진행자와 인간 뉴스 진행자의 비교 조사에서도 청취자들은 인간 뉴스 진행자를 더 신뢰한다고 인식했다. 특히 라디오 뉴스에서 AI 음성을 사용하는 것을 부정적으로 인식하는 경향이 컸다(Kim et al., 2022). 이러한 결과는 청취자들이 AI의 신속한 정보 제공과 개인화된 뉴스 서비스는 긍정적으로 보았지만, AI 음성이 전달하는 뉴스는 기계적이고 공감 능력이 부족하다고 인식하고 있음을 보여 준다. 즉, 내용적인 측면은 긍정적이지만 전달적인 측면에서는 부정적이라는 것이다.

기자들도 AI 도입을 반복적이고 데이터 중심적 작업을 줄이는 긍정적 변화로 인식하면서도 뉴스의 정확성과 윤리적 검증 과정은 인간 기자의 참여가 필요하다는 입장을 보였다. AI는 보조 도구로 강력하지만, 심층 취재와 맥락의 해석은 여전히 인간 기자가 담당해야 할 영역이라는 의견이 지배적이다.

AI 라디오 뉴스의 윤리적 고민

AI 기반 뉴스가 확대되면서 신뢰성과 윤리적 문제가 함께 제기되고 있다. AI가 생성한 뉴스에는 사실 오류 가능성이 있으며, 편향성과 왜곡된 정보가 포함될 위험이 존재한다. AI가 특정 정치적 관점을 더 많이 반영하거나 특정 집단을 과소 또는 과대 대표하는 경우, 뉴스의 공정성과 신뢰성이 저하될 수 있다. 미국 테크(기술) 전문 매체

씨넷(Cnet)의 AI 작성 기사에서 다수의 오류가 발견된 사례는 AI 뉴스의 검증 시스템이 필요함을 보여 준다. 씨넷은 이후 AI가 작성한 기사의 경우 인간 편집자의 최종 검수를 받아 게재하고 있다. 로이터나 AP 같은 글로벌 통신사는 특정 분야의 AI 기사에 대해 반드시 인간 기자의 감수를 거쳐 출고하고 있다.

또한 AI 도입으로 기자들의 역할 축소와 저널리즘의 질적 저하 가능성이 우려된다. 라디오 뉴스는 감성적 요소와 인간적 해석이 중요한데, AI는 이를 충분히 반영하기 어렵다. 따라서 AI가 작성한 뉴스의 검토와 교정 과정에서 인간 기자의 참여가 필수적이다.

결국, AI는 뉴스 생산 과정에서 효율성을 높이는 도구로 큰 잠재력을 지니고 있지만, 신뢰성과 공정성을 보장하기 위해서는 인간의 적극적 개입과 윤리적 기준 마련이 필요하다.

AI와 라디오 뉴스의 미래

미래의 AI 라디오 뉴스는 AI와 인간 기자가 협력하는 하이브리드 뉴스 시스템으로 운영될 가능성이 높다. AI는 실시간 데이터 분석과 맞춤형 뉴스 제공에서 중요한 역할을 수행할 것이며, 청취자 선호를 반영한 서비스가 더욱 발전할 전망이다.

AI 기반 다국어 뉴스 서비스도 음성 합성 및 실시간 번역 기술의 발전과 함께 확산될 가능성이 크다. 이는 글로벌 라디오 뉴스 서비스가 활성화되고 다양한 언어로의 뉴스 제공을 가능하게 할 것이다. 그러나 AI 뉴스의 신뢰성과 정확성을 높이기 위해 윤리적 기준과 검증 시스템 구축은 필수적이다.

결론적으로, AI는 라디오 뉴스의 생산과 소비 방식을 혁신적으로 변화시키고 있다. 뉴스 제작에서 AI가 중요한 도구로 자리 잡는 만큼, 인간의 저널리즘적 가치와 AI 기술의 조화가 미래 라디오 뉴스의 중요한 과제가 될 것이다.

청취자의 신뢰와 공감을 얻기 위해서는 AI 뉴스 제작 과정에서 투명성을 높이고 인간의 검토를 반드시 포함해야 한다. AI는 반복적 작업을 보조하는 도구로 활용할 수 있지만, 인간 기자의 직관과 경험이 현장 취재, 심층 인터뷰, 사회적 이슈 보도 등의 분야에는 여전히 필요하다. 결국, AI와 인간 기자의 협력이 라디오 뉴스의 미래 발전 방향이 될 것이다.

참고문헌

강주현(2020). "다매체 환경에서 뉴스 이용자의 뉴스 선택 과정과 유형". 《한국언론학보》, 64(5).

박채원(2023.1.2.). "美 매체, AI 기사로 사실 오류 및 표절 논란으로 곤혹". 《Central world news》. https://www.cwn.kr/news/articleView.html?idxno=14785

방송통신위원회(2023). 《2023 방송매체 이용행태 조사》.

양동복(2009). "우리나라 라디오 뉴스 불리틴의 특성과 뉴스조직". 《한국방송학보》, 23(1).

유운경(2024.5.25). "위기의 지역방송, '비용절감' AI 앵커의 그늘". 《미디어오늘》.

주대우(2024). "BBC, 'AI 관련 시청자 인식' 보고서 발표 – 이용률 낮고 저널리즘 영역에서의 AI 기술 사용 우려". 《해외방송정보》, 2024년 8월호. KBS공영미디어연구소.

한정훈(2023). "미디어에 파고드는 AI–AI 앵커, AI DJ 및 AI 운영 라디오도 등장". 《해외방송정보》, 2023년 4월호. KBS공영미디어연구소.

Carter Ross(2024.4.15). One-in-five listeners thinks they hear AI on air. RadioWorld. https://www.radioworld.com/tech-and-gear/one-in-five-listeners-thinks-they-hear-ai-on-air

Europa 2.(2019.12.2). "Europa 2 predstavuje novu moderatorku. Toto je Eva!".

Furtakova, L. & Janačkova, Ľ.(2023a.1). AI in radio: The game changer you did not hear coming. *Conference paper in media & marketing identity.*

Furtakova, L.(2023b). Dokaže ChatGPT nahradiť moderatora spravodajstva v rozhlase?. In Francistyova, B. & Furtakova,

L. (Eds.), *Quo Vadis 2023*(pp.11~29). Faculty of Mass Media Communication, University of Ss. Cyril and Methodius in Trnava.

Granger, J.(2023.10.10). Finding purpose for AI in the newsroom. journalism.co.uk. https://www.journalism.co.uk/news/ai-in-the-newsroom-make-sure-the-tech-helpsmeet-company-values/s2/a1078338/

Keaten, J.(2023.4.7). Robots run the show as Swiss radio tests AI voices for a day. APnews. https://apnews.com/article/switzerland-radio-gpt-artificial-intelligence-9270ef1359130ceec8a0c1ffaa340206

Kim, J. et al.(2022). Man vs. machine: Human responses to an AI newscaster and the role of social presence. *The social science journal*, pp.1~13.

Newman, N.(2023). *Journalism, media, and technology trends and predictions 2023*. Reuters Institute.

Newman, N.(2024). *Journalism, media, and technology trends and predictions 2024*. Reuters Institute.

RadioToday(2023.9.5). "Devon radio stations switch to AI voices for news bulletins". Radiotoday.

Springer-Norris, I. N.(2023). "Local radio journaists' usage and perception of artificial intelligence in the production of local news". Graduate Research Theses & Dissertations. Northern Illinois University.

Stine, R. J.(2024.12.18). Florida Launches AI-Powered emergency communications system. Futuri teams up with emergency officials in the hurricane-prone state. Radio World.

04
AI와 라디오 프로그램 제작

AI는 라디오 프로그램의 기획, 원고 작성, 음악 큐레이션 등 방송 제작 전반에 걸쳐 핵심적인 역할을 수행하며, 자동화와 개인화를 가능하게 한다. AI는 방대한 데이터를 분석해 청취자 맞춤형 콘텐츠를 기획하고, 실시간 트렌드를 반영하며, 자동 대본 작성과 선곡을 수행하지만, 인간 PD와 작가의 창의성과 감성적 요소를 완전히 대체할 수는 없다. 가장 이상적인 모델은 AI가 데이터를 분석하고 초안을 제시하면, 인간이 이를 감성적으로 조정하는 협업 방식이다.

AI와 사주?

라디오 PD의 새로운 파트너: AI로 기획하는 방송 vs AI가 기획하는 방송

라디오 방송의 기획은 단순히 음악을 선곡하고 대본을 작성하는 것에 그치지 않고, 청취자의 선호도 분석, 시대적 트렌드 반영, 감성 전달까지 포함하는 복합적 과정이다. 과거에는 라디오 PD와 작가가 모든 기획 작업을 주도했지만, 생성형 AI의 발달로 방송 기획 방식이 혁신적으로 변화하고 있다.

AI는 데이터 분석을 기반으로 청취자 맞춤형 콘텐츠를 추천하고, 자동으로 대본을 생성하며 실시간 트렌드를 반영한 기획을 가능하게 한다. 2023년 기준, 제작·송출된 콘텐츠의 약 10%에 AI 기술이 적용되었으며, 특히 뉴스 기획 단계에서 AI 활용 비율이 38.8%에 달해 AI가 기획의 핵심 도구로 자리 잡고 있다(조성미, 2024).

AI가 방송 기획에서 중요한 역할을 수행하는 첫 번째 이유는 방대한 데이터 분석을 통한 맞춤형 기획이 가능하기 때문이다. 과거에는 라디오 PD가 청취자 사연이나 참여율을 바탕으로 음악과 콘텐츠 주제를 선정했다. 하지만, AI는 소셜 미디어, 스트리밍 데이터, 검색 트렌드, 청취 패턴 등을 분석해 청취자들이 어떤 콘텐츠에 반응할지 예측할 수 있다.

퓨처리 미디어의 라디오GPT는 뉴스, 소셜 미디어, 블로그 데이터를 분석해 인기 있는 주제를 실시간으로 반영하는 방송 기획을 가능하게 한다. 이러한 사전 조사와 기획 작업의 자동화는 방송 제작의 효율성을 높이는 동시에, 보다 다양한 청취자 취향을 반영할 수 있는 기획을 돕는다.

AI는 음악 및 콘텐츠 큐레이션도 자동화해 맞춤형 방송 기획을 지원한다. 과거에는 PD가 선곡과 플레이리스트 구성을 직접 수행했지만, AI 추천 알고리즘은 청취자 취향을 분석해 실시간 자동으로 선곡할 수 있다. 2023년 TBN 강원교통방송사는 '과학의 날' 특집 방송에서 PD들이 챗GPT에게 선곡을 요청하고, AI가 이를 기반으로 곡을 추천하는 실험을 진행했다.

그러나 AI가 방송 기획을 전적으로 수행하는 것과 인간 PD가 AI를 도구로 활용하는 것에는 차이가 있다. 2024년 독일의 라디오 방송사 안테네 도이칠란트는 AI가 방송 일정에 맞춰 자동으로 대본과 선곡, 진행을 수행하는 풀타임 AI 기반 방송사를 개국했지만, 초기 설정과 콘텐츠 검수 과정에는 여전히 인간의 작업이 필요하다. 2024년 9월부터 방송되고 있는 KBS 라디오의 AI DJ '제니크'가 진행하는 〈스테이션 X〉 역시 생성형 AI가 인간

PD의 프롬프트에 따라 AI 기술을 활용해 노래 선곡 및 원고 작성 등을 수행하지만, 최종 편집과 감성적 조율은 인간 PD가 담당하는 등 AI가 모든 방송 기획을 대체하는 것은 아니다.

AI가 방송 기획의 중요한 역할을 수행한다고 해서 인간 PD와 작가의 역할이 사라지는 것은 아니다. AI가 데이터를 분석하고 초안 작성을 담당할 수 있지만, 최종적으로 이를 방송에 적합한 형태로 다듬고 감성적인 요소를 추가하는 것은 여전히 인간 PD의 고유한 영역이다. 특히 창의적 기획이나 특정 감정을 전달하는 작업은 인간의 섬세한 감각이 필요하다.

결국, AI와 인간의 협력은 방송 기획에서 가장 이상적인 조합이다. AI는 효율성을 높이는 도구, 인간은 창의성과 감성을 더하는 창작자로 협력할 때 더 매력적인 콘텐츠를 만들어 낼 수 있다. 미래의 라디오 방송은 AI와 인간 PD의 협력 모델을 통해 더욱 정교하고 감성적인 콘텐츠를 선보이게 될 것이다.

AI 작가와 라디오 원고 작성: 자동화와 창의성의 경계

AI는 라디오 프로그램의 대본 작성 과정에서 혁신을 가져오고 있다. AI 기반 텍스트 생성 모델은 뉴스 원고, 토크쇼 대본, 광고 스크립트까지 자동으로 작성할 수 있는 수준에 이르렀다. 라디오GPT는 트렌드를 분석하여 AI가 뉴스 원고 및 토크쇼 대본을 작성하는 기능을 제공한다. KBS의 AI DJ '제니크'는 네이버의 클로바엑스(CLOVA X)를 활용해 뉴스 원고와 매끄러운 대본을 자동 생성한다. 또한 KBS는 AI 음성 합성 기술을 이용한 재난 방송 원고 자동화 시스템을 도입해 긴급 상황에서도 신속하고 정확한 정보 전달을 가능하게 하고 있다.

그러나 AI 원고 작성이 단순한 정보 전달을 넘어 '창의적인 콘텐츠를 제작하는 영역으로 확장될 수 있는가?'라는 질문에는 여전히 논란이 존재한다. AI는 언어 모델을 기반으로 기존 데이터를 학습해 새로운 문장을 생성하는 방식으로 작동한다. 하지만 이러한 원고는 어디까지나 기존 데이터를 조합하여 생성하는 것이며, 인간 작가처럼 완전히 새로운 창의적 발상을 만들어 내지는 못한다. 이러한 한계는 AI가 창작한 라디오 드라마나 대화형 콘텐츠에서 더욱 두드러진다. 실제, 스위스의 쿨뤼르 3 라디오 방송사는 AI가 대본을 작성하고 AI 음성이 이를 진행하는 완전 자동화된 라디오 쇼를 실험적으로 방송했다. 하지만 청취자들은 이 콘텐츠가 기술적으로는 매끄럽지만, 감정적인 깊이와 인간적 요소가 부족하다고 평가했다.

방송 원고 작성에 가장 이상적인 방식은 AI와 인간 작가의 협업 모델이다. AI는 정보 정리와 초안 작성을 담당하고, 인간 작가는 이를 다듬어 창의적인 요소를 추가하는 방식이 효과적이다. AI는 다양한 스타일과 포맷을 제공해 인간 작가의 창의력을 확장하는 도구로 활용될 수 있다.

AI 음악 큐레이션: 개인화와 자동화의 혁신, 그리고 인간의 감성

음악은 라디오 프로그램의 핵심 요소로, 청취자들의 라디오 이용 동기에 여전히 중요한 위치를 차지하고 있다. 수많은 신곡과 과거의 음원들 속에서 청취자가 원하는 음악을 선곡해 내는 능력은 라디오가 지닌 장점 중 하나다. 인터넷의 등장으로 라디오 방송과 다른 형태의 다양한 스트리밍 서비스가 등장하면서 라디오의 위상이 많이 흔들리고 있지만, 음악은 청취자들의 라디오 이용 동기에 여전히 중요한 위치를 차지하고 있다.

최근 AI는 라디오 방송 음악 큐레이션의 방식에도 큰 변화를 주고 있다. 과거에는 제작자의 직관과 경험에 의

존하여 선곡을 했지만, AI는 방대한 청취자 데이터를 분석해 개인화된 플레이리스트를 자동 생성한다. AI는 청취자의 선호도, 청취 패턴, 실시간 트렌드, 날씨와 시간대까지 고려한 선곡이 가능하다. SBS는 AI 선곡 시스템을 구축하고 라디오 프로그램에 활용하고 있다. SBS는 이를 자사 음악 플랫폼의 음악 선곡 서비스 'AI 뮤직'과 새벽 시간 라디오 음악 방송에 활용하고 있다. KBS AI DJ '제니크'는 AI 기반 선곡 알고리즘을 활용해 특정 시간대에 적합한 음악을 자동으로 선곡하고, 스토리텔링과 트렌드를 결합해 청취자와의 연결성을 강화하고 있다. 이처럼 AI를 활용한 자동 음악 큐레이션은 방송사의 앱 전용 프로그램이나 심야 시간이나 특정 시간대 음악 스트리밍 방송 프로그램 구성에 특히 유용하다. 이는 라디오와 스트리밍의 경계를 허무는 새로운 형태의 방송 가능성을 제시한다.

그러나 AI 음악 큐레이션이 인간 DJ와 동일한 감성을 전달할 수 있는가는 여전히 의문이다. 인간 DJ는 청취자와의 감정적인 교류, 즉흥적인 해석, 그리고 시대적 · 문화적 맥락을 반영하여 선곡한다는 점에서 차별화된다. AI는 데이터 기반 선곡을 하지만, 즉흥적이고 감성적인 판단은 부족하다.

이러한 차이를 고려했을 때, AI는 라디오 음악 큐레이션의 자동화와 개인화를 지원하는 강력한 도구가 될 수 있지만, 인간 DJ의 감성적 해석을 완전히 대체하기는 어렵다. 따라서 AI는 단순히 선곡을 자동화하는 역할을 넘어, 인간 DJ와 협업하는 방식으로 발전하는 것이 더욱 이상적인 모델이 될 것이다. AI는 데이터 분석을 기반으로 청취자의 선호도와 트렌드를 반영한 선곡을 제안하고, 인간 DJ는 이를 바탕으로 감성적인 해석을 덧붙여 더욱 매력적인 방송을 만들어가는 방식이 가능하다. 실제 최근 AI 알고리즘을 통한 추천 서비스를 강화하던 음악 콘텐츠 업계에서도 사람이 직접 추천해주는 휴먼 큐레이션이 호응을 얻고 있다.

결국, AI는 인간 DJ를 대체하는 것이 아니라, 인간과 AI가 협업하여 감성과 데이터를 조화롭게 결합하는 방식으로 발전하는 것이 라디오 음악 큐레이션의 미래 방향이다. AI는 기술적 가능성을 제공하고, 인간은 감성적 스토리텔링을 더하는 방식이 AI 시대 라디오 방송의 가장 이상적인 모델이 될 것이다.

참고문헌

김지현(2024.9.3). "하이퍼클로바X가 국내 최초 생성형 AI 라디오

DJ로 데뷔한 사연". 《한국일보》.
박서연 · 금준경(2023.5.31). "[인공지능의 두 얼굴] 라디오 DJ된 챗GPT에 소감 물었더니 소름 돋는 답변이 돌아왔다". 《미디어오늘》.
SBS사보(2023.12.7). "AI 음악 선곡 서비스 AI MUSIC 오픈".
이효정(2013.7.3). "[직업의 세계] 라디오 PD, 프로그램을 만들어 내는 총 책임자". 《이코노믹 리뷰》.
정다은(2021.9.6). "AI가 골라준 콘텐츠, 20%로 부족해..'인간 큐레이션' 다시 뜬다". 《서울경제》.
조성미(2024.11.28). "작년 방송 콘텐츠 10편 중 1편은 기획 · 제작에 AI 썼다". 《연합뉴스》. https://www.yna.co.kr/view/AKR20241128054000017
KBS뉴스(2024.9.3). "'외계인 DJ 제니크' KBS라디오 방송 시작…"국내 최초"".
한누리(2023.5.3). "[AI미래 2050] 라디오까지 장악한 인공지능...스위스 라디오, AI 디제이가 방송 진행하는 실험 진행". 《AI 라이프 경제》.
Furtakova, L.(2023). *Dokaže ChatGPT nahradiť moderatora spravodajstva v rozhlase?*. Faculty of Mass Media Communication, University of Ss. Cyril and Methodius in Trnava.

05
AI와 목소리

AI 기술은 라디오 방송에서 목소리의 개념과 가치를 새롭게 정의하며, 인간 목소리를 보완하거나 확장하는 방향으로 발전하고 있다. AI 음성 합성 기술은 더욱 자연스러워지고 있으며, AI DJ와 가상 진행자는 방송의 새로운 가능성을 제시하고 있다. 하지만 인간 진행자의 목소리가 전달하는 감정적 연결과 고유의 매력은 완전히 대체하기 어렵다.

AI와 아이돌?

라디오와 AI, 목소리로 소통하다

AI 기술은 라디오 방송에서 목소리의 개념과 가치를 새롭게 정의하며, 인간 목소리를 보완하거나 확장하는 가능성을 열어 가고 있다. AI 음성 합성 기술은 점점 더 자연스러워지면서 AI DJ와 가상 진행자를 통해 라디오의 새로운 형태를 제시하고 있다.

벨기에 노스탈지의 '마미 리아', 말레이시아 플라이 FM의 '아이나 사브리나', 그리고 한국 KBS의 '제니크' 등은 모두 AI 기술로 구현된 대표적인 AI DJ 사례로, AI가 라디오 방송에서 점점 더 중요한 역할을 하고 있음을 보여 준다.

그러나 AI 기술이 발전하더라도 청취자와의 정서적 연결, 즉흥성, 창의성은 여전히 인간 목소리만이 제공할 수 있는 고유한 강점으로 남아 있다. 목소리는 인간의 소통에서 가장 기본적이고 강력한 매체로, 라디오의 정체성이자 핵심 요소다. 라디오가 정보 전달을 위한 통신 매체에서 방송 매체로 발전한 순간은 1906년 레지널드 페슨든(Reginald Fessenden)이 음성과 음악을 처음으로 무선으로 송출한 날이었다. 이날이 라디오 방송의 시작점이었다.

KBS 조사(2015)에 따르면, 청취자들이 라디오 프로그램을 선택할 때 가장 중요하게 여기는 요소는 DJ의 목소리다(윤고은, 2015). 해외 조사에서도 청취자들은 라디오 방송 청취의 중요한 이유로 친근한 음악과 함께 진행자의 매력을 꼽았다(Hendricks, 2020). 라디오 진행자의 목소리는 청취자에게 친근함과 위로를 제공하며, 공감과 이해를 끌어내는 핵심적인 역할을 수행했다.

AI 기술의 발전으로 목소리는 AI와 사람 간의 소통에서도 핵심 요소가 되었다. AI 음성 합성과 음성 인식 기술은 인간과 기계 간 소통을 더욱 자연스럽게 만들고, AI의 목소리는 점점 더 인간 음성에 가까운 수준으로 진화하고 있다. AI 스피커 같은 기기는 사용자와의 소통 과정에서 음성을 핵심 인터페이스로 활용하며, AI와 사람을 연결하는 중요한 매개체가 되고 있다.

퓨처리 미디어(2004)의 청취자 조사에 따르면, 응답자의 31%가 AI 음성이 청취 경험을 향상한다고 답했으며, 60%는 AI 음성을 인간 음성으로 인식했다고 응답했다. 이는 AI 음성이 단순한 정보 제공 수단을 넘어, 인간과 기술 간 연결을 형성할 가능성을 시사한다.

인간의 목소리를 장착한 AI DJ와 가상 진행자의 도전과 가능성

AI 음성 합성 기술은 초기 TTS(Text-to-Speech)의 단조로운 기계음에서 출발해, 딥러닝 기반 기술로 인간의 억양과 감정을 재현하는 수준으로 급격히 발전했다. 최근에는 AI가 새로운 목소리를 생성하는 것을 넘어, 특정 인간 진행자의 목소리를 학습하고 복제하는 방식으로 진화하고 있다. AI 음성 기술의 진화는 진행자의 부재 시에도 기존의 정체성을 유지하며 프로그램을 운영할 수 있도록 하며, 라디오 방송에 혁신을 가져오고 있다.

기존 라디오 방송이 인간 진행자의 감정과 개성을 바탕으로 청취자와 소통했다면, AI DJ는 정교하게 설계된 목소리와 데이터를 기반으로 맞춤형 방송을 제공한다.

미국 아이하트미디어의 'AI 애슐리'와 체코 라디오 익스프레스 FM의 'AI 핫시코'는 인간 진행자의 목소리를 학습해 스타일과 억양을 재현하며, 기존 방송의 연속성을 유지하도록 돕는다. 벨기에 노스탈지의 '마미 리아'는 매일 저녁 인간 진행자와 협력해 프로그램을 운영하며, 청취자에게 이색적인 경험과 감성을 결합한 콘텐츠를 제공한다. 한국 KBS의 '제니크'는 K-팝에 특화된 콘텐츠와 독창적인 캐릭터 설정으로 청취자와 소통하며 차별화된 방송을 선보이고 있다. 스위스 RTS는 기존 인간 진행자 5명의 목소리를 학습해 13시간 동안 AI DJ가 자율적으로 진행하며, 완전 AI 방송의 가능성을 실험했다.

AI DJ는 특히 심야 방송, 긴급 상황, 주말 프로그램 등 인적 자원이 제한된 시간대에서 강력한 대안이 될 수 있다. 실제로 전 세계 라디오 방송사는 AI DJ를 선보이면서 이런 점을 강조하고 있다. 라디오GPT를 개발한 퓨처리 미디어 역시 긴급 방송과 비상 상황에서 인간 진행자의 음성을 학습한 AI DJ가 중요한 역할을 수행할 수 있다고 언급하며, 인간 진행자와의 협력을 통한 하이브리드 방송 모델의 중요성을 제시했다. 이러한 기술적 발전은 AI와 인간 진행자가 협력해, 보다 효율적이고 지속 가능한 방송 환경을 구축하는 가능성을 열어 가고 있다.

AI DJ와 인간DJ 목소리의 차이점과 한계

AI DJ와 인간 DJ는 각각 고유한 강점과 한계를 가지고 있다. AI DJ는 일정한 품질의 목소리를 제공하며, 중단 없는 방송이 가능하다는 장점을 가진다. 데이터 기반 분석을 통해 청취자의 선호도를 반영한 맞춤형 선곡과 자동 조정도 가능하다. 그러나 즉흥성과 감정 전달에서 한계를 드러내며, 개성 부족과 윤리적 문제도 중요한 고려

요소로 남아 있다.

AI DJ의 강점과 한계를 살펴보면, 첫째, 감정 전달의 한계가 있다. AI 음성 합성 기술은 인간의 억양과 발음을 정교하게 모방할 수 있지만, 즉흥적인 대화나 깊은 정서를 담아내는 데는 아직 부족하다. 퓨처리 미디어(2024)의 청취자 조사에 따르면, AI DJ가 감정을 전달하는 데에 인간 DJ보다 덜 효과적이라는 응답이 45%에 달했다.

또한 미국 아이하트미디어의 AI DJ '애슐리'를 대상으로 한 실험에서 청취자들은 인간 DJ보다 AI DJ의 감성적 표현이 부족하다고 평가했다. 이러한 결과는 AI DJ의 감정적 전달력의 개선이 필요한 과제임을 시사한다. 라디오 진행자가 청취자의 사연에 공감하며 표현하는 즉흥적인 반응은 인간만이 제공할 수 있는 독특한 경험이다. 라디오 방송은 단순히 정보를 전달하는 것을 넘어, 청취자와의 교감을 통해 위로와 공감을 제공한다. AI DJ의 목소리는 이러한 정서적 깊이와 유연한 대처 능력에서 한계를 보인다.

둘째, 개성이 부족하다. 인간 DJ는 목소리뿐만 아니라 고유의 스타일, 유머, 즉흥적인 해석을 통해 청취자와의 친밀감을 형성한다. 반면, AI DJ는 데이터 기반의 기능적 역할에 집중하기 때문에 독창적인 개성과 문화적 맥

표 5-1. AI DJ와 인간 DJ의 차이점

항목	AI DJ	인간 DJ
감정 전달	일정한 패턴의 감정 표현 가능	즉흥적이고 상황에 따라 감정 변화 가능
청취자 인터랙션	정해진 알고리즘에 따라 대응	실시간 청취자 반응에 맞춰 진행
창의성	기존 데이터를 학습해 문장 생성	창의적인 진행과 독창적 스타일 가능
유대감	정서적 연결 부족	친밀한 관계 형성 가능

락을 반영하는 데는 미흡하다. 그리고 친밀감 형성의 부족은 청취자와의 깊은 유대감을 형성하는 데 어려움을 갖게 한다.

셋째, AI 목소리의 확산에는 윤리적 문제도 제기된다. 특정 라디오 진행자의 목소리를 허가 없이 복제하거나 사용하는 사례는 저작권 및 개인 정보 보호 문제로 이어질 수 있다. 특히 AI 목소리가 인간 목소리를 완벽히 재현할 경우, 청취자가 AI와 인간을 혼동할 위험도 존재한다. AI 목소리 기술이 발전하면서 일부 유명인의 목소리를 상업적 목적으로 오용한 사례가 보고되었다. 이러한 문제를 방지하기 위해 AI 기술의 투명성과 법적 규제 마련이 시급하다.

AI DJ는 자동화된 뉴스 전달과 선곡 추천 등에서 강점을 보이지만, 감성적 교감과 즉흥성에서는 인간 진행자와 협업이 필수적이다. AI DJ와 인간 DJ의 조화로운 협력 모델이야말로 라디오 방송의 지속 가능성을 높이는 현실적 대안이 될 것이다.

결국, AI와 인간 DJ의 협업 모델을 발전시키는 것이 라디오 방송의 지속 가능성을 높이는 핵심 과제가 될 것이다. 'AI DJ가 충분히 감정을 전달할 수 있게 된다면, 청취자들은 과연 AI DJ를 인간 DJ 만큼 신뢰하고 공감할 수 있을까?' 이 질문은 AI와 라디오의 미래를 고민하는 중요한 출발점이 될 것이다.

참고문헌

김상협(2024.9.2). "KBS 쿨FM 국내 최초 인공지능 DJ 도입…'인간-AI 공존 실험'". 《KBS 뉴스》.

김은규(2013). 《라디오혁명》. 커뮤니케이션북스.

류지윤(2023.7.10). "인공지능 DJ가 생방송 진행까지...해외에선 업계 혼란 우려, 국내에서는?". 《데일리안》.

윤고은(2015). "라디오에서 가장 중요한 것은 DJ 목소리". 《연합뉴스》.

정철환(2024.1.8). "AI로 100% 제작한 스위스 라디오 생방송... "감쪽같다, 놀랍다"". 《조선일보》.

최진석(2024.4.15). "DJ가 된 AI…1억 곡서 '취향 저격' 노래 발굴". 《한국경제》.

한정훈(2023). "미디어에 파고드는 AI-AI 앵커, AI DJ 및 AI 운영 라디오도 등장". 《해외방송정보》, 2023년 4월호.

KBS공영미디어연구소.

황재화(2023.8.20). “AI와 라디오 진행한 최화정, 사람의 온도는 따라하지 못해”. 《연합뉴스》.

Brejčák, P.(2023.6.21). Rádio od Seznamu nasadilo umělou inteligenci jako moderátorku. Nevadí jí noční služby, kvituje Lukačovič. CzechCrunch.

Furtáková, L. & Janáčková, Ľ.(2023). AI in radio: The game changer you did not hear coming. *Media & marketing identity.*

Futuri(2024). *AI in media study-understanding news and audio consumer perceptions of AI.* https://www.aiinmediastudy.com/

Hendricks, J. A.(2020). *Radio's second century: Past, present, and future perspectives.* Rutgers University Press. 유창수 옮김(2021). 《라디오의 새로운 100년: 과거, 현재, 그리고 미래》. 한울.

M, N.(2023.4.27). UAE: 102.4 Mirchi introduces the world's first AI presenter on a commercial radio station. Gulf Buzz. https://www.gulfbuzz.com/uae-102-4-mirchi-introduces-the-worlds-first-ai-presenter-on-a-commercial-radio-station/

TTXVN(2024.1.10). “Bà nội AI làm phát thanh viên đài Bỉ”. Tuoi Tre Newspaper. https://tuoitre.vn/ba-noi-ai-lam-phat-thanh-vien-dai-bi-20241001094405151.htm

06
라디오 제작 AI 프로그램

AI 기술은 라디오 방송 제작 전 과정에서 효율성을 높이고 창의적인 콘텐츠 제작을 지원하는 핵심 도구로 자리 잡았다. AI 기반 솔루션은 자동화를 통해 반복적인 작업을 줄이고, 개인화된 콘텐츠를 제공하며, 라디오 산업에 새로운 가능성과 혁신을 제시하고 있다.

AI와 야구?

라디오를 재정의하는 AI 기술들

AI 기술은 라디오 방송 제작 전반에서 핵심적인 역할을 수행하며, 콘텐츠 기획에서 음성 합성, 방송 송출까지 라디오 제작의 패러다임을 변화시키고 있다. 초기에는 AI가 인간 제작자를 보조하는 도구에 머물렀지만, 현재는 라디오GPT 같은 프로그램을 통해 기획, 원고 작성, 음성 합성, 송출까지 모든 과정을 자동화할 수 있다. 한국 KBS의 〈스테이션 X〉는 AI 기술을 전면 도입한 대표 사례로, 생성형 AI가 선곡, 원고 작성, 진행까지 라디오 제작 전반에 참여해 주목받고 있다.

AI는 콘텐츠 제작뿐만 아니라 송출 시스템 관리와 방송사 운영 최적화에도 활용되고 있다. 월드캐스트 시스템(WorldCast Systems) 같은 AI 기반 송출 관리 시스템은 실시간 장애 감지, 송출 강도 조절, 광고 송출 최적화 등의 기능을 제공해 방송사의 운영 효율성을 극대화한다.

이러한 기술들은 반복적인 작업을 자동화하고 창의적인 제작 환경을 지원하며, 특히 소규모 방송국의 제작 환경을 혁신하고 라디오 제작의 접근성을 높이는 중요한 도구로 자리 잡고 있다.

라디오GPT: 자동화된 라디오 제작의 선두주자

라디오GPT는 AI 기술을 활용해 뉴스 수집, 대본 작성, 음성 합성, 방송 진행까지 모두 자동화하는 라디오 제작 시스템이다. 오픈AI(OpenAI)의 GPT 모델과 퓨처리 미디어가 자체 개발한 토픽펄스(TopicPulse) 기술을 결합해 실시간 데이터 분석과 콘텐츠 제작과 진행을 통합적으로 수행하며, 다양한 방송사에 새로운 방송 환경을 제공하고 있다.

라디오GPT의 주요 기능은 다음과 같다.

1. 뉴스 및 콘텐츠 자동 수집: 소셜 미디어, 뉴스 사이트, 지역 데이터를 실시간으로 수집하고 분석해 청취자들이 관심을 보이는 주제를 자동으로 선별한다.

2. AI 기반 대본 작성: GPT 기술을 스포츠 경기 요약, 실시간 날씨 보고, 트렌드 뉴스 등 다양한 방송 형식을 자연스럽게 작성한다.

3. 음성 합성 및 AI DJ: 생성된 대본을 AI DJ가 자연스러운 음성으로 진행하며, 감정 표현도 가능하도록 최적화되어 있다.

4. 청취자 반응 분석 및 피드백 반영: 소셜 미디어와 연동해 실시간 청취자 반응을 분석하고 방송 내용에 반

영할 수 있다.

5. 다국어 지원: 라디오GPT는 영어뿐 아니라 스페인어, 독일어, 프랑스어 등 여러 언어로 실시간 번역이 가능해 글로벌 방송을 지원한다.

6. 디지털 콘텐츠 확장: 소셜 미디어 게시물, 블로그, 짧은 비디오 콘텐츠를 자동 생성해 디지털 플랫폼의 운영을 돕는다.

특히 라디오GPT는 소규모 지역 방송사에서 인력이 부족한 시간대를 커버할 수 있는 무인 방송 솔루션으로 활용되고 있다. 긴급 방송이나 특별 이벤트 진행에도 신속하게 대응할 수 있는 시스템으로 평가받고 있으며, 미국, 캐나다, 유럽, 아시아의 여러 방송사에서 라디오 프로그램 제작의 핵심 도구로 자리 잡고 있다.

AI 음성 합성과 편집: 라디오 진행의 혁신

AI 음성 합성 기술의 발전은 라디오 진행 방식에 커다란 변화를 가져왔다. 과거에는 사람이 직접 음성을 녹음하고 편집해야 했지만, 현재는 AI가 원고를 즉시 음성으로 변환하고 감정을 반영해 더욱 자연스럽게 전달할 수 있다.

구글의 웨이브넷(WaveNet)과 아마존의 폴리 같은 음성 합성 기술은 뉴스 리포팅, 광고 내레이션, 팟캐스트 제작 등 다양한 라디오 콘텐츠에 활용되며 AI 음성의 가능성을 보여 주었다. 일본 FM 와카야마 방송사는 2017년 아마존의 폴리를 이용해 신문 기사, 일기 예보, 재난 정보를 음성으로 전달하며 AI 음성 기술을 적극적으로 도입했다.

한국에서도 라디오 방송에 AI 음성 합성 기술이 도입되고 있다. 2019년 KBS와 SK텔레콤이 협업해 SK텔레콤의 NUGU 음성 합성 프로그램을 활용한 〈누군가 어딘가에〉 프로그램은 2019년 3월부터 2023년 9월까지 방송되었다. 이 프로그램의 음성 합성은 구글 웨이브넷 모델을 기반으로 했다. 2023년 TBN 강원교통방송은 챗GPT가 대본을 작성하고, 네이버의 음성 합성 기술을 통해 음성을 생성하는 AI DJ 실험 방송을 진행했다. 2024년 9월, KBS는 네이버와 협력해 〈스테이션 X〉 방송을 시작하며, 생성형 AI 기술로 선곡, 원고 작성, 진행까지 라디오 제작 전반에 참여했다. 이 프로그램의 AI DJ '제니크'는 클로바 더빙(Clova Dubbing) 시스템을 통해 음성을 생성하며, 음성 톤, 강약, 끝 음 조절까지 세부 옵션을 적용해 더욱 자연스러운 목소리를 구현하고 있다.

라디오의 변화를 만들어가는 AI 도구들

AI는 라디오 제작뿐만 아니라 광고, 방송사 관리와 송출 관리에서도 중요한 역할을 수행하고 있다. 주요 AI 도구들은 다음과 같다.

보이스트랙 AI(Voicetrack.ai)

보이스트랙 AI는 라디오 클라우드(Radio Cloud)사의 클라우드 기반 자동화 솔루션으로, 유럽의 여러 방송사에서 AI DJ 기능, 음악 선곡, 날씨 및 뉴스 제공을 자동화하는 데 활용되고 있다. 이 프로그램은 음악 플레이, 일기 예보, 지역 소식, 교통 소식 등을 AI DJ가 자동 진행하도록 지원한다.

독일 라디오방송국 안테네 도이칠란트는 2023년 론칭한 풀타임 AI 방송국에 보이스트랙 ai를 활용하고 있다.

스펙아이(SPECai)

스펙아이는 생성형 AI 모델을 활용해 TV 및 라디오 광고 제작을 자동화하는 프로그램이다. 사용자는 몇 가지 질문에 답하기만 하면 광고 카피를 생성할 수 있으며, 적합한 음성 및 배경 음악을 추가해 오디오 광고를 완성한다.

이 프로그램은 미국의 여러 방송국에서 사용되고 있다.

스마트에프엠(SmartFM)

스마트에프엠은 월드캐스트 시스템즈(WorldCast Systems)사의 AI 기반 송출 관리 시스템으로, 실시간 오디오 분석, 송출 최적화 및 전력 소비 절감 기능을 제공한다. 프랑스의 주요 방송사는 이 시스템을 적용, 오디오 콘텐츠에 따라 송신 소비를 자동으로 조절해 에너지 소비를 약 20% 절감하며 운영 효율성을 높이는 데 성공했다.

이 밖에도 운영 자동화 시스템 슈퍼하이파이(Super Hi-Fi)와 광고 제작 라디오 워크플로(Radio Workflow) 등 다양한 AI 기반 라디오 제작 도구들이 속속 선보이고 있다. 슈퍼하이파이는 오디오 콘텐츠의 자동 믹싱과 편집을 지원하며, 라디오 워크플로는 광고 제작과 스케줄링을 자동화한다.

이러한 기술들은 반복적이고 시간이 소요되는 작업을 자동화하고, 창의적이고 맞춤형 콘텐츠 제작을 지원하면서 라디오 제작 환경을 변화시키고 있다. 특히 소규모 지역 라디오 방송사나 공동체 라디오 방송사에서 제작

비용을 절감하고 콘텐츠 접근성을 확대하는 도구로 자리 잡고 있다.

그러나 한국의 라디오 방송 관련 산업 규모는 상대적으로 작아, 라디오 방송사 전용 AI 프로그램의 개발과 적용이 여전히 제한적인 상황이다. 이를 개선하기 위해 공공 지원과 기술 협력이 필요하다.

참고문헌

네이버 클로바 공식 블로그(2024.9.2). "[CLOVA AI] 국내 최초 생성형 AI DJ 라디오 프로그램, STATION X". https://blog.naver.com/clova_ai/223569474903

박서연 · 금준경(2023.6.2). "[인공지능의 두 얼굴] 라디오 DJ된 챗GPT에 소감 물었더니 소름 돋는 답변이 돌아왔다". 《미디어오늘》.

손형섭 · 임준묵(2022). "딥러닝을 활용한 음성합성 모델의 비교 분석". 《한국경영과학회, 대한산업공학회 2022 춘계공동학술대회 발표집》.

SKT NUGU 공식 블로그(2022.7.29). "NUGU 음성 합성 기술 소개". https://m.blog.naver.com/nuguai/222833606144

오광수(2024.9.2). "국내 최초 AI DJ 제니크...김창완, 배철수와 청취율 경쟁". 《뉴스핌》.

한정훈(2023). "미디어에 파고드는 AI-AI 앵커, AI DJ 및 AI 운영 라디오도 등장". 《해외방송정보》, 2023년 4월호. KBS공영미디어연구소.

Amazon(2018). "和歌山のコミュニティFM局 AIアナウンサーで災害情報を發信".

https://www.aboutamazon.jp/news/aws/ai-announces-disaster-information-at-the-community-fm-station-in-wakayama

Furtakova, L. & Janačkova, Ľ.(2023). AI in radio: The game changer you did not hear coming. *Media & marketing identity.*

Futuri Media. https://futurimedia.com

Mclane, P.(2023a.11.9). 10 AI-based tools for radio. RadioWorld. https://www.radioworld.com/tech-and-gear/products/10-ai-based-tools-for-radio

Mclane, P.(2023b.10.2). Absolut radio gets a head start with AI. RadioWorld.

Pahwa, N.(2023.3.8). Replacing humans is the furthest thing from our mindset. Says the company selling an A.I. radio host. SLATE. https://slate.com/technology/2023/03/radiogpt-artificial-intelligence-dj-futuri-interview.html

WorldCast Systems. https://www.worldcastsystems.com/en/c65m421/news

07
AI와 청취자

AI 라디오의 도입이 가속화되면서 청취자들은 점차 AI DJ를 받아들이고 있다. AI는 신속하고 정확한 정보를 제공하지만, 인간 DJ처럼 감성적 교류나 즉흥적인 진행이 부족하다는 한계가 있다. 또한 AI는 청취자의 취향을 분석해 맞춤형 콘텐츠를 추천하며 개인화된 청취 경험을 강화하고 있다. 그러나 감성적 교감에서는 여전히 한계를 보이며, 실시간 피드백 반영이 늘어나고 있지만 인간적인 요소는 부족하다. 결국 AI와 인간 DJ는 상호 보완적인 역할을 하게 될 것이다.

AI와 윤동주?

AI 라디오에 대한 청취자들의 인식: 익숙해진 AI, 기대되는 미래

AI 라디오가 점차 보편화되면서 청취자들의 수용성도 눈에 띄게 증가하고 있다. 초기 AI DJ는 낯설고 이질적인 존재로 여겨졌으나, 스마트 스피커와 AI 음성 비서의 확산으로 청취자 경험이 누적되면서 전반적인 인식이 긍정적으로 변화하고 있다.

퓨처리 미디어(2024)의 조사에 따르면, 청취자의 21%가 AI 기반 콘텐츠를 경험한 적이 있으며, 31%는 AI 목소리가 라디오 방송을 더 잘 듣게 만든다고 응답했다. 진행자가 공석일 때나 청취자가 DJ의 목소리에 익숙하지 않은 경우, AI DJ에 대한 개방성이 더 높아지는 경향도 확인됐다. 특히 날씨 정보, 교통 상황 업데이트, 맞춤형 콘텐츠 추천 기능은 AI 라디오의 대표적 강점으로 꼽힌다.

그러나 일부 청취자들은 AI 콘텐츠의 감성적 교류 부족과 인간적 공감 부재를 지적하며 여전히 신중한 반응을 보인다. AI 기술에 익숙하지 않은 사용자일수록 이러한 경향이 더 두드러진다(이희준 외, 2019). AI 콘텐츠 생성 과정의 투명성도 중요한 쟁점으로 떠오르고 있다. AI가 생성한 정보가 신뢰할 수 있는지, 그 출처가 명확하지 않을 경우, 청취자들은 이를 의심할 수 있다.

라디오 진행자는 단순한 정보 제공자가 아니라, 청취자에게 친구, 상담자, 위로자, 인생 모델로 여겨지는 존재다(Hendricks, 2020). 이러한 정서적 연결과 인간적 교감이 라디오를 단순한 정보 전달 매체가 아닌 감정을 공유하는 공간으로 자리 잡게 했다.

AI가 이 본질을 해칠 수 있다는 우려도 존재하지만, AI와 인간 DJ의 협력 모델은 이러한 관계를 보완할 수 있는 가능성을 제공한다. AI는 자동화된 정보 제공과 데이터 기반 추천을 담당하고, 인간 DJ는 감성적 소통과 공감을 통해 청취자와의 정서적 관계를 형성할 수 있다. 두 기술이 상호 보완적으로 작동할 때, 청취자들은 맞춤형 정보와 인간적 교감을 동시에 경험할 수 있다.

AI 라디오에 대한 청취자들의 인상: 신기한 혁신인가, 어색한 기계음인가?

청취자들의 반응은 실험적 AI 라디오 방송 사례에서도 확인할 수 있다. 2023년 스위스 RTS의 13시간 AI 라디오 방송 실험에서 일부 청취자들은 AI DJ의 기술적 완성도와 매끄러운 진행 방식에 놀라움을 표하며 긍정적으로 평가했다. 그러나 대부분의 청취자들은 "멋지지만 인간적인 요소가 빠져 있다"는 점을 지적했다. 감정의 미묘한 변화나 즉흥적 유머 부족이 주요 단점으로 꼽혔다. 방송 관계자들도 AI 진행자가 인간 DJ의 즉흥성과 감성을 대체하기 어렵다고 평가했다. 체코 익스프레스 FM의 '핫시코' 역시 청취자들은 '인위적', '마음이 따뜻해지지 않는다', '지루하다' 등의 부정적인 반응이 많았다.

이러한 반응은 아이하트미디어의 AI DJ 애슐리의 사례에서도 유사하게 나타났다. 청취자 일부는 애슐리의 매끄러운 진행과 일관된 목소리에 만족했지만, 감성적 표현이 부족하고 개성이 뚜렷하지 않다는 점을 단점으로 지적했다. 특히 심야 라디오나 감성적인 토크 프로그램에서는 인간 DJ의 공감 능력과 감정 표현이 중요하기 때문에 AI DJ가 대체하기 어렵다는 평가가 많았다.

그럼에도 불구하고, AI의 음성 합성 기술이 점점 발전하면서 인간의 목소리와 유사한 수준으로 구현되고 있다. 향후 AI DJ가 감정을 모방하는 언어적 패턴을 학습하고, 실시간 감정 분석 기술이 개선된다면 감성적 교감의 한계를 극복할 가능성이 있다. AI가 청취자의 정서를 실시간으로 인식하고 이에 맞춘 반응을 제공할 수 있다면, 청취 경험은 더욱 풍부해질 수 있다.

AI 라디오와 청취 경험의 변화: 개인화와 상호작용의 진화

기술의 발전은 라디오 청취 경험과 습관을 빠르게 변화시키고 있다. 전통적인 라디오에서 인터넷 라디오, 스트리밍 서비스, 팟캐스트로 확장되면서, 청취 방식은 점점 더 양방향적, 비선형적, 비시간적(On-Demand) 형태로 변화되었다. AI는 이러한 흐름을 더욱 가속하며 개인화된 청취 경험을 제공하는 핵심 기술로 자리 잡고 있다.

스포티파이의 디스커버 위클리(Discover Weekly)는 청취자의 취향을 분석하여 맞춤형 플레이리스트를 제공하는데, 이러한 AI 기반 추천 기술이 라디오 방송에도 도입되고 있다. 라디오 방송사들은 자사의 라디오 앱이나 실시간 채팅을 통해 청취자들의 피드백을 실시간으로 반영하여 개인화된 방송 경험을 제공하려고 한다. 한국 SBS는 AI 뮤직 프로그램에서 AI 기술을 활용해 청취자의 취향을 분석해 개인 맞춤형 음악을 제공하고 있다. 영국 BBC는 AI를 활용해 청취자의 의견을 수집 · 분석하고 이를 다음 방송의 주제와 형식을 결정하는 데 반영하는 청취자 참여 시스템을 운영하고 있다. 이는 청취자 중심의 방송 제작을 가능하게 하며, 라디오 방송의 개인화와 참여도를 동시에 향상시키는 중요한 사례다. 청취자들은 신청곡 전송, 실시간 피드백 등을 통해 방송 참여도를 높이고, AI 시스템은 이러한 데이터를 분석해 개인화된 콘텐츠를 제공한다. 데이터 기반의 맞춤형 경험과 인간적 교류의 결합이라는 새로운 가능성을 열어 주는 것이다.

이처럼 AI가 라디오 청취 환경을 개인화된 방식으로 변화시키는 가운데, 라디오가 가진 또 하나의 중요한 요소는 '청취자와의 상호 작용'이다. 기존 연구에서도 라디오 사용자의 주요 동기 중 하나가 상호 작용적 동기임이 확인되었다(이희준 외, 2019). 청취자들은 DJ와의 소통, 청취자 참여 코너, 실시간 피드백 등을 통해 라디오 방송과 관계를 형성한다. 즉, 라디오 청취자들은 단순히 콘텐츠를 수동적으로 소비하는 것이 아니라, DJ와의 소통을 통해 정서적 만족과 자발적인 참여를 추구하는 경향이 있다(봉두완, 1998).

이러한 청취자와 진행자 간의 상호 작용은 AI 라디오에서도 중요한 의미가 있다. AI 스피커 사용자 연구에 따르면, 사용자는 AI 스피커를 단순 정보 제공 기기가 아닌, 감정적 상호 작용의 대상으로 인식하는 경향이 있다(이희준 외, 2019). AI 스피커와의 교류는 친밀감과 신뢰도를 높이며, 이는 AI 라디오에도 적용될 수 있다. 특히 목소리는 이러한 의인화 과정에서 핵심적인 요소로 작용하며, 라디오는 AI 스피커와 유사하게 목소리를 통한 상호 작용을 강화할 수 있다.

아이하트미디어의 AI 기반 인터랙션 도구는 청취자와의 실시간 상호 작용을 높이기 위해 설계되었다. 청취자들은 모바일 앱을 통해 신청곡을 전송하거나 방송 내용에 대한 의견을 실시간으로 제출할 수 있으며, AI는 이를 즉각 방송에 반영한다. 이러한 상호 작용은 청취자의 참여와 몰입을 높이는 핵심 요소로 평가받는다.

결국, AI 라디오가 청취자와 상호 작용을 더욱 활성화할 때, 청취자들은 AI DJ를 단순한 기술이 아닌, 소통 가능한 매체의 일부로 인식할 가능성이 커진다. 청취자의 피드백을 실시간으로 반영하고 감정적 상호 작용을 강화하는 것은 AI 라디오가 기존 라디오와 차별화될 수 있는 중요한 전략이 될 것이며, 기존 라디오 방송과 다른 새로운 청취 경험을 창출할 것이다.

AI와 인간 DJ: 경쟁인가, 협력인가?

AI DJ의 발전은 인간 DJ와의 관계를 재정의할 필요성을 제기한다. AI가 인간을 대체할 것인가, 아니면 협력할 것인가? 이는 AI 라디오가 발전하는 과정에서 가장 중요한 질문 중 하나다.

AI는 반복적인 정보 제공과 데이터 기반 선곡에서 강점을 보이며, 인간 DJ는 감성적 소통과 즉흥적 진행에서 독보적인 능력을 발휘한다. 이러한 상호 보완적 역할은 협력 모델을 통해 더욱 빛을 발하고 있다.

벨기에 노스탈지 방송사는 AI와 인간 DJ의 협력을 실험하며 AI DJ '마미 리아'를 도입했다. 이 프로그램에서 AI DJ는 두 명의 인간 진행자와 매일 저녁 공동으로 프로그램을 진행하고 있다. '마미 리아'는 주로 음악적 정보를 제공하지만, 인간 진행자와 대화를 진행하기도 한다. AI와 실제 진행자의 협력은 창의적이고 매력적인 프로그램을 만들어 낼 것으로 기대된다.

청취자들의 반응은 프로그램의 성격에 따라 다르게 나타난다. 단순한 음악 스트리밍이나 정보 제공 방송에서는 AI DJ가 높은 만족도를 보이지만, 감성적 소통이 중요한 심야 방송, 토크쇼, 인터뷰 프로그램에서는 인간 DJ가 더 적합하다는 의견이 많다. 이는 라디오가 단순한 정보 전달 매체가 아니라, 청취자와 진행자가 상호 작용하며 정서적 교감을 형성하는 공간이기 때문이다 (Wolfenden, 2014; Hendricks, 2020, 재인용).

AI DJ가 즉흥적 반응과 개성 있는 진행 부족이라는 한계를 보이는 반면, 인간 DJ는 청취자의 감정을 읽고, 분위기에 맞는 음악을 선곡하며, 사연에 공감하는 방식으로 소통한다. 그러나 AI와 인간 DJ가 협력 모델로 결합할 때, 데이터 분석과 자동화 콘텐츠 생성에서 강점을 발휘하는 AI와 정서적 소통과 창의적 진행을 담당하는 인간 DJ가 청취자들에게 새로운 경험을 제공할 수 있다.

어쩌면 청취자들은 AI와 인간 DJ가 공존할 방식을 기대하고 있을지 모른다. AI의 투명성과 윤리적 기준이 마련될 때 더욱 적극적으로 AI 라디오를 수용할 가능성이 크다. AI와 인간이 각자의 강점을 살려 협력하는 모델이야말로 AI 라디오의 바람직한 미래를 열어가는 핵심 요소가 될 것이다.

참고문헌

봉두완(1998). "대인커뮤니케이션의 기능적 대안으로서의 미디어 이용 – 이용과 충족관점에서의 라디오 청취자 연구". 《인문사회과학논문집》, 7, 153~169쪽.

이희준 외(2019). "인공지능 스피커(AI 스피커)에 대한 사용자 인식과 이용 동기 요인 연구". 《한국콘텐츠학회논문지》, 19(3).

정철환(2024.1.8). "AI로 100% 제작한 스위스 라디오 생방송… 감쪽같다, 놀랍다". 《조선일보》.

한누리(2023.5.3). "라디오까지 장악한 인공지능…스위스 라디오, AI 디제이가 방송 진행하는 실험 진행". 《AI 라이프경제》.

BBC Technology Blog.

Carnevalini, F.(2023.6.4). Technology: switzerland the first radio in europe to use artificial intelligence. Radio reporter. https://blog.radioreporter.org/technology-switzerland-the-first-radio-in-europe-to-use-artificial-intelligence

Carter Ross(2024.4.15). One-in-five listeners thinks they hear AI on air. RadioWorld. https://www.radioworld.com/tech-and-gear/one-in-five-listeners-thinks-they-hear-ai-on-air

Furtakova, L. & Janačkova, Ľ.(2023). AI in radio: The game changer you did not hear coming. *Media & marketing identity.*

Futuri(2024). *AI in media study-understanding news and audio consumer perceptions of AI.* https://www.aiinmediastudy.com/

Harvard Business Review.

Hendricks, J. A.(2020). *Radio's second century: Past, present, and future perspectives.* Rutgers University Press. 유창수 옮김(2021). 《라디오의 새로운 100년: 과거, 현재, 그리고 미래》. 한울.

Uytterhaeghe, M.(2024.8.21). Rentree radio 2024 : l'IA fait son entrée dans la grille de Nostalgie, avec Mamie l'IA. lavenir.net. https://www.lavenir.net/culture/2024/08/21/lia-fait-son-entree-dans-la-grille-de-nostalgie-avec-mamie-lia-T3JKDD7ND5ALXARVTKLEXVIZNU/

Wolfenden, H.(2014). "I know exactly who they are: Radio presenters' conceptions of audience". In Hendricks, J. A. (Ed.), *Radio's second century: Past, present, and future perspectives*(pp.5~21). Rutgers University Press.

08
공동체 라디오와 AI

공동체 라디오는 지역 주민들이 직접 참여하여 자신들의 목소리를 전달하고, 지역의 정체성을 강화하며, 소통의 장을 마련하는 미디어 플랫폼이다. 그러나 인력과 자원의 부족은 이러한 이상을 실현하는 데 큰 장애가 되고 있다. AI는 이러한 문제를 해결하는 데 도움을 주는 기술로 주목받고 있지만, 동시에 AI의 도입이 공동체 라디오의 본질적 가치를 훼손할 수 있다는 우려도 존재한다.

AI와 한의학?

공동체 라디오, AI와 새로운 가능성과 도전

공동체 라디오는 지역 주민의 목소리를 반영하고, 소외된 집단의 이야기를 전달하며 지역 사회의 정체성을 강화해 왔다. 그러나 제한된 예산과 인력 부족은 공동체 라디오가 지속적으로 직면하는 과제다. AI 기술은 이러한 문제를 해결할 수 있는 도구로 주목받고 있다.

캐나다 공동체 라디오 협회(NCRA)는 2024년 1월 전국의 공동체 라디오 방송 관리자 회의에서 AI 활용 방안을 논의했고, 5월에는 AI 활용에 대한 성명서를 발표했다. 또한 회원 방송사를 위한 다양한 AI 툴을 정리해 홈페이지에 게시하는 등 AI 도입을 위해 지원하고 있다. 호주 공동체 라디오 협회(CBAA)도 2023년 11월 컨퍼런스에서 AI의 잠재력과 활용 방안을 탐색하는 프로그램을 마련했다.

AI에 대한 공동체 라디오의 관심은 한정된 인력과 재정 문제를 해결하기 위한 방안이기도 하다. 특히, 공동체 라디오가 재난 · 재해 방송에서 중요한 역할을 수행하는 만큼, 인력 배치가 어려운 심야 시간대나 비상 상황에서도 원활한 대응이 가능하도록 AI 기술을 적극적으로 활용하려는 시도가 이루어지고 있다.

공동체 라디오, AI로 재난 방송을 혁신하다

공동체 라디오는 재난 상황에서 지역 사회의 필수적인 정보 제공자로서 신속하고 정확한 방송을 통해 생명을 살리는 역할을 했다(최성은, 2022). 그러나 신속하고 지속적인 대응이 요구되는 재난 · 재해 방송은 제한된 인력과 자원을 가진 공동체 라디오에 큰 도전이다. 이러한 현실에서 AI 기술은 공동체 라디오가 지역 재난 방송의 신속성과 지속성을 획기적으로 개선할 수 있는 도구로 주목받고 있다.

일본 FM 와카야마는 2017년 아마존의 AI 기반 음성 변화 서비스인 폴리를 이용한 AI 아나운서를 도입했다. 아마존 폴리에 내장된 여성의 목소리를 '나나코'라고 명명하고, 나나코가 자동으로 원고를 읽어 정해진 시간에 라디오 방송을 할 수 있는 자동화된 뉴스 방송 시스템인 '온타임 플레이어(OnTime Player)'를 개발했다. 제 시간에 방송을 시작하는 방송용 웹 시스템과 24시간 재난 정보를 재생하는 아나운서 소프트웨어 등 FM 와카야마가 개발한 시스템과 아마존 폴리를 연계해 심야나 인력 부족 시간대에도 안정적인 무인 방송을 실현했다. 2017년 태풍 발생 당시, FM 와카야마는 AI를 활용해 5시간 동안 지속적인 특집 방송을 제공하며 실시간으로 정전 상황과 기상 정보를 전달했다. 또한 24개의 언어로 반복해서 읽어주는 시스템 다카포(DA Capo)도 개발해 재해 발생 시 다국어로 방송할 수 있도록 했다. 이 시스템은 이후 일본의 여러 공동체 라디오 방송사로 확산되며 재난·재해 방송의 신속성과 지속성을 높이는 데 기여하고 있다. 2023년부터 일본의 일부 공동체 라디오들은 AI를 기반으로 하는 방재 기술 스타트업과 협력해서 실시간 재난·재해 정보를 수집·분석하고 AI 음성을 통해 24시간 정보를 제공하는 시스템을 운영하고 있다. 이러한 협력은 공동체 라디오가 재난 상황에서 보다 정확하고 지속적인 방송을 제공할 수 있도록 지원하는 중요한 도구로 자리 잡고 있다.

다양한 가능성: 공동체 라디오와 AI의 협업

공동체 라디오는 새로운 도구인 AI와 협업을 통해 다양한 가능성을 실험하고 있다. 미국 캘리포니아의 공동체 라디오 방송사 KGUA FM은 2020년 챗GPT를 활용하여 청취자와 상호 작용하는 글쓰기 라디오 프로그램을 운영했다. AI가 청취자들의 글을 기반으로 해서 창의적인 스토리를 완성해 주는 방식으로, 청취자의 참여를 확대하고 새로운 콘텐츠 형식을 실험하는 사례로 평가된다.

인도의 케랄라(Kerala)주 공동체 라디오 방송사 사르가크세트라(Sargakshetra) FM은 2023년 AI 라디오 자키(RJ, Radio Jockely)를 도입하는 프로젝트를 진행했다. AI 기반 'RJ 그레고리(Gregory)'라는 이름의 진행자는 인간 진행자와 함께 프로그램을 진행했다. '그레고리'는 방송을 진행하며, 음악 소개와 정보를 전달했다. 이 실험 방송은 청취자의 라디오 경험을 개선하고, AI와 인간 진행자의 협력 가능성을 탐구하기 위해 진행되었다.

한국의 경우, 서대문 공동체 라디오가 2023년 5월 챗GPT를 게스트로 초청하여 AI와 대화를 나누는 실험적인 프로그램을 진행하며 AI와의 협력 가능성을 탐색했다. 이 사례들은 AI가 기존의 진행자 역할을 대체하는 것이 아니라, 협력적인 방식으로 활용될 수 있는 가능성을 보여준 사례다.

AI를 만난 공동체 라디오: 기대와 우려 사이

AI는 공동체 라디오의 지속 가능성을 높이고, 공동체 라디오가 지향하는 지역성, 참여성, 포용성 그리고 다양성을 강화할 기회를 제공한다. AI 음성 합성 기술은 사람이 없는 시간대에도 자동으로 방송을 송출하며, 목소리를 낼 수 없는 이들에게 AI 음성으로 소통의 기회를 제공할 수 있다. 또한 AI 기반 데이터 분석은 지역 소식을 실시간으로 전달하고, 청취자 선호도에 맞춘 콘텐츠를 제작하는 데 도움을 줄 수 있다. AI 기반 데이터 분석은 지역 소식을 실시간으로 전달할 수 있으며, 청취자의 선호도를 반영하여 맞춤형 콘텐츠를 제작하는 데 도움을 줄 수 있다. 이는 청취자의 만족도를 높이고, 지역 사회와의 연결을 더욱 강화할 수 있다.

AI는 공동체 라디오의 일상적이고 반복적인 업무 처리에 도움을 주어 공동체 라디오 종사자들은 공동체의 참여와 창의적 제작과 같은 더 중요한 업무에 집중할 수 있다. 라디오 제작 경험이 없거나 적은 공동체 구성원들이 대본을 쓰거나 콘텐츠를 제작하는 데에도 도움을 줄 수 있다.

연구에 따르면, 공동체 라디오 청취자의 84.3%는 AI가 다양한 목소리를 대변하는 데 기여할 수 있다고 응답했으며, 관계자들은 AI가 콘텐츠 제작 능력을 향상하고 청취자의 참여를 높일 것으로 기대했다(Kumari & Prakash, 2024).

그러나 AI의 도입에는 신중한 접근이 필요하다. 첫째, AI가 청취자 데이터를 분석·활용하는 과정에서 개인정보 보호가 충분하지 않다면 지역 사회의 신뢰를 저해

할 수 있다. 둘째, AI 기술이 공동체 라디오의 인간적 소통과 감성을 약화할 우려가 있다. 자동화가 확산되면 방송이 기계적으로 변질되고 주민 참여가 줄어들 가능성이 있으며, 기존 제작자와 진행자의 역할이 축소될 위험도 있다. 특히 AI 기술은 청년층의 일자리와 방송 제작 경험의 기회를 빼앗을 수 있다.

AI의 활용에는 저작권 침해, 정보 신뢰성, 데이터 편향성 등의 문제가 따른다. 특히 편향된 데이터가 성 차별이나 인종 차별적 내용을 생성할 가능성이 있어 공동체 라디오의 포용성과 참여성을 훼손할 수 있다. 캐나다 공동체 라디오 협회는 AI가 제작한 콘텐츠를 반드시 인간이 검토할 것을 권장하며, AI가 공동체 라디오의 정체성을 훼손하지 않도록 신중한 접근이 필요하다고 강조하고 있다.

AI 의존도가 높아지면 공동체 라디오의 핵심 가치인 '지역성'과 '참여성'이 약화될 수 있다. 자동화된 콘텐츠 생성과 재생 목록 구성이, 지역 사회의 맥락과 특성을 반영하지 못할 가능성이 있으며, 주민 참여가 위축될 수 있다. 공동체 라디오의 가장 큰 차별성은 청취자가 직접 자신의 목소리를 내는 것인데, AI가 이를 대체한다면 공동체 라디오는 과연 본연의 정체성을 유지할 수 있을지 의

문이다.

공동체 라디오의 음악적 다양성의 감소도 우려된다. 상업 라디오 방송사들이 비용 절감을 위해 획일적인 포맷을 확대하는 가운데, 공동체 라디오는 틈새 청취자를 위한 다양한 음악 큐레이션을 유지해 왔다. 그러나 AI 진행과 큐레이션이 확대되면 획일화된 음악이 주류가 되고, DJ의 선별 능력이 AI의 추천 시스템에 의해 대체될 가능성이 있다. AI가 예측하는 음악 취향과 DJ의 음악적 감각 중 무엇이 공동체 라디오의 정체성을 더 잘 유지할지 고민해야 한다.

AI 기술은 공동체 라디오의 효율성을 높이고 자원의 부족을 보완할 가능성을 지닌다. 적절히 활용한다면 운영을 지원하는 강력한 도구가 될 수 있다. 그러나 공동체 라디오가 지역 사회의 목소리를 담아내는 본연의 역할을 유지하려면 AI 도입에 대한 신중한 논의와 책임 있는 활용이 필수적이다.

AI는 공동체 라디오의 가능성을 확장할 수 있지만, 기술적 효율성만이 아니라 지역성, 참여성, 인간적 소통을 유지하는 방식으로 접근해야 한다. 기대와 우려가 공존하는 이 과정에서 공동체 라디오는 전통적인 역할을 넘어 새로운 가능성을 모색하고, 지역 사회와 더욱 긴밀히 연결될 방법을 찾아야 한다.

참고문헌

최성은(2011). "지역 재난방송 체계 구축을 위한 한국 공동체라디오 활성화 방안". 지역 재난방송과 공동체라디오 정책토론회.

최성은(2012). "공동체라디오를 허하라 – 위기의 순간 생명을 구하는 공동체라디오". 《ACT!》, 74호. 미디액트.

최성은(2022). "하이퍼로컬 미디어와 재난방송: 공동체 라디오의 역할과 과제 모색을 위한 탐색적 연구". 한국언론정보학회 2022년 토론회(2022.6.24).

Amazon(2018). "和歌山のコミュニティFM局 AIアナウンサーで災害情報を發信". https://www.aboutamazon.jp/news/aws/ai-announces-disaster-information-at-the-community-fm-station-in-wakayama

CBAA(2023). "CBAA Conference". https://icmsmeetings.eventsair.com/cbaa-conference-2023/program

JCBA(2020). "コミュニティFMの災害時における放送の確保について". https://www.soumu.go.jp/main_content/000680839.pdf

Kravis, I.(2023). ChatGPT helps would-be writers find inspiration on community radio. current.org. https://current.org/2023/03/chatgpt-helps-would-be-writers-find-inspiration-on-community-radio/

Kumari, M. & Prakash, R.(2024). To Study the Role of Artificial Intelligence Technology in Community Radio. *Indian Journal of Legal Review, 4*(1).

Kuruvilla, A. C.(2023). On air! FM station has Kerala's first AI-driven jockey calling the tunes. New Indian Express. https://www.newindianexpress.com/states/kerala/2023/Apr/17/on-air-fm-station-has-keralas-first-ai-driven-jockey-calling-the-tunes-2566597.html

Lo, M. J.(2024.1.24). Community radio stations across Canada talk shop on AI at Sidney summit. Times Colonist. https://www.timescolonist.com/local-news/community-radio-stations-across-canada-talk-shop-on-ai-at-sidney-summit-8153859

NCRA(2024). "National campus and community radio association statement on use of AI". https://ncra.ca/national-campus-and-community-radio-association-statement-on-use-of-ai/

Spectee(2024). "コミュニティFMとの災害や事故などの情報強化を目指す連携協定50社突破". https://prtimes.jp/main/html/rd/p/000000203.000016808.html

09
윤리적 과제

AI 기술이 라디오 방송에 도입되면서 다양한 윤리적 논란이 제기되고 있다. AI는 방송 콘텐츠 제작을 자동화하여 효율성을 높이지만, 동시에 개인의 명예, 일자리 위협, 저작권 문제, 허위 정보의 확산 등 법적·윤리적 과제를 동반한다. AI가 제작한 콘텐츠가 청취자의 신뢰를 유지하면서도 윤리적 기준을 충족할 수 있도록 가이드라인이 필요하다.

AI와 화장품?

AI가 재현한 목소리, 누구의 목소리인가?

AI 음성 합성 기술은 특정 인물의 목소리를 재현할 수 있는 강력한 도구다. 그러나 만약 재현된 목소리가 원래 주인의 신념이나 가치관과 다른 내용을 발언한다면 그 책임은 누구에게 있는 걸까?

SBS 김찬웅 PD는 고(故) 신해철 씨의 목소리를 복원하는 방송을 기획했으나, '재현된 목소리가 내는 의견이 누구의 의견인가?'라는 윤리적 문제에 부딪혀 프로젝트를 중단했다. 유가족의 반대와 함께, AI 발언이 실제 고인의 가치관과 일치하지 않을 가능성이 제기되었기 때문이다.

폴란드의 국영 라디오인 오프 라디오 크라코프(Off Radio Krakow)는 AI 아나운서 방송 진행 실험에서, 2012년 타계한 노벨 문학상 수상 시인 비스와바 심보르스카와의 가상 인터뷰를 AI로 재현했지만, 청취자들의 부정적 반응과 윤리적 논란으로 중단되었다. 이러한 사례들은 AI 콘텐츠의 신뢰성, 책임 소재, 인간의 존엄성 등 다양한 윤리적 문제를 더욱 심도 있게 고민할 필요가 있음을 보여 준다.

인간 노동의 대체: 일자리 위협 vs 협업

AI 기술의 발전은 인간 노동의 대체라는 윤리적 과제를 제기하고 있다. 라디오 방송 업계에서는 생성형 AI 의 등장으로 인해 인간 제작진의 역할이 축소되고, 일자리가 감소할 것이라는 우려가 커지고 있다. 물론, 라디오 방송사들은 비용 절감을 위해 지속적으로 인력을 줄여 왔다. 특히 1990년대 이후, 지역 라디오의 합병과 인력 감축이 본격화되면서 극소수의 일자리만 유지되는 경우가 많다. 미국의 경우, 1990년 이후 라디오 방송사의 일자리 수는 27%나 감소했다(Hendricks, 2020). AI 기술은 효율성과 자동화라는 명분 아래 인간의 역할 축소를 더욱 가속화하고 있다.

폴란드 오프 라디오 크라코프는 AI 라디오 방송 실험 과정에서 기자 일부를 해고하고 AI 아나운서를 도입하며 논란을 일으켰다. 이는 일자리 감소와 윤리적 논쟁을 촉발하는 대표적 사례다. 퓨처리 미디어의 라디오GPT는 정보 수집, 원고 작성, 자동 진행을 가능하게 하며 무인 자동 방송을 실현했다. 최근 라디오 방송 뉴스룸은 AI를 활용해 뉴스 콘텐츠를 자동으로 생산하고 방송하기 시작했다. 이는 작가, 기자, 아나운서, PD, 엔지니어 등 다양한 방송 직군의 역할을 대체할 가능성을 보여 준다.

AI 기술은 특히 소규모 라디오 방송사와 청년층의 고용에 더 큰 위협이 될 수 있다. AI가 반복적인 작업을 자동화하면서 경험이 적은 청년층은 진입할 기회가 줄어들 수 있다. 과거 라디오 산업에서는 이들이 작가, 리포터, 엔지니어의 보조 역할을 수행하며 경력을 쌓았지만, AI가 이러한 역할을 대신하게 되면서 청년층의 고용 기회가 감소하고, 이는 업계의 인재 육성에도 부정적 영향을 미칠 수 있다.

튀르키예 아나돌루 통신은 2024년 AI 윤리 가이드라인을 통해 '인간 제작 콘텐츠와 AI 생성 콘텐츠의 균형 유지'를 강조하며, 뉴스 제작, 사진 저널리즘, 시각 디렉션, 그래픽 디자인과 같은 창의적 직군에서는 AI 사용을 규제할 필요가 있다고 권고했다. 이는 인간 창의성이 콘텐츠를 더욱 풍요롭게 만든다는 관점에서 AI 사용을 제한하려는 노력을 반영한 것이다.

하지만 이미 생성형 AI가 대중화되고, 기술도 고도화된 상황에서 AI와 인간 작업을 명확히 구분하는 것은 쉽지 않은 과제다. 결국, AI와 인간이 협업하며 공존할 명확한 윤리적 기준과 정책 마련이 중요한 과제로 부상하고 있다. 이러한 기준이 마련될 때, AI는 인간의 창의성을 보완하며 지속 가능한 방송 환경을 구축할 수 있을 것이다.

AI가 생성하는 콘텐츠는 완전한 창작물인가?

AI기술은 콘텐츠 제작의 효율성을 높이지만, 저작권 보호 여부와 법적 책임이라는 윤리적 논란을 일으킨다. AI가 기존 저작물을 참고해 새로운 내용을 생성할 때, 원저작자의 동의 없이 활용될 경우 저작권 침해 논란이 발생할 수 있다. ≪뉴욕 타임스(The New York Times)≫는 오픈AI를 상대로 저작권 소송을 제기했으며, 국내 지상파 방송사 3사도 콘텐츠를 AI 학습 데이터로 사용하는 것과 관련해 네이버를 상대로 법적 대응을 제기했다.

음악과 광고 콘텐츠 제작에 AI 활용 시 유사한 문제가 발생한다. AI가 특정 스타일을 모방하여 작곡할 경우, 기존 아티스트의 저작권을 침해할 가능성이 크다. 스위스 공영방송 쿨뢰르 3에서 AI가 작곡한 음악이 방송된 후, 일부 음악가들은 AI가 자신의 스타일을 도용했다며 불만을 제기했다. 또한, AI가 특정 성우나 진행자의 음성을 학습하여 광고나 방송 콘텐츠를 제작하는 경우, 초상권과 퍼블리시티권 침해 문제가 발생할 수 있다.

하지만 AI가 원 저작물을 학습한 후 새로운 음악을 생성할 때, 참조한 원곡이 어디까지 보호받을 수 있는가에 대한 법적 기준이 명확하지 않다. 또한 AI가 라디오 방송에서 어떤 방식으로 창작물을 생성하며, 그에 대한 법적 권리는 누구에게 귀속되는가에 대한 논의는 여전히 명확한 결론이 나지 않은 상태다.

AI 생성 콘텐츠가 인간 창작자의 저작물과 구별되지 않을 경우, 법적 권리 귀속과 법적 지위를 명확히 규정하는 기준이 필요하다. AI 창작물과 기존 저작물의 충돌은 라디오 방송에서 심각한 법적 문제를 초래할 수 있다. AI 기술이 라디오 방송의 창작 영역을 확대하는 동시에, 창작자들의 권리를 보호할 수 있는 균형 잡힌 법적 장치와 윤리적 기준이 마련되어야 할 것이다.

잘못된 정보와 편향된 정보: AI 콘텐츠는 신뢰할 만한가?

AI 기술이 라디오 방송에 적용되면서 허위 정보 확산과 알고리즘 편향성 문제가 발생할 가능성이 크다. AI가 자동으로 뉴스를 작성하고 전달하는 과정에서 잘못된 정보를 학습하거나, 맥락을 벗어난 내용을 생성할 가능성이 존재하기 때문이다. 특히, 대규모 언어 모델(LLMs, Large Language Models)인 챗GPT와 같은 AI 시스템은 방대한 학습 데이터를 기반으로 결과를 생성하지만, 이 과정에서 학습 데이터 자체에 오류가 있거나 특정 명령에 대한 학습이 부족할 경우 부정확하거나 허위의 정보를 생성할 위험이 있다. 이러한 현상을 'AI의 환각(hallucination) 또는 작화(confabulation)'라고 부른다.

AI가 생성한 잘못된 정보가 그대로 전파될 경우, 청취자에게 왜곡된 사실을 전달하고 사회적 혼란을 초래할 수 있다. 특히 AI 뉴스 생성 모델이 특정 정치적 · 사회적 편향성을 반영할 경우, 이는 라디오 청취자의 인식 형성에 직접적인 영향을 미칠 수 있다. 기존 미디어 환경에서는 편집자와 기자가 사실 검증을 수행했지만, AI가 생성한 콘텐츠는 출처와 신뢰성을 신속하게 판단하기 어려운 경우가 많다.

라디오는 청취자의 충성도가 높은 매체로, 방송사가 잘못된 정보나 가짜 콘텐츠를 퍼뜨리는 것으로 인식된다면 신뢰도가 하락할 위험이 크다. 이는 단순한 윤리적 문제가 아니라 라디오 방송사의 존립과도 직결된 중요한 사안이다.

이를 방지하기 위해 AI가 생성한 라디오 콘텐츠에 대한 엄격한 모니터링과 최종 승인 과정에서 인간의 개입이 필수적이다. AI는 방대한 정보를 신속하게 분석하고 정리할 수 있지만, 결과물이 올바른 맥락에서 해석되었는지 판단하는 역할은 여전히 인간에게 남아 있어야 한다. AI가 자동 생성한 뉴스가 편향성을 띠거나 잘못된 정보를 포함하는 경우, 편집자와 기자가 이를 검증하고 수정하는 과정이 필수적이다. 이러한 AI와 인간이 협력하여 콘텐츠를 제작하는 구조가 마련될 때, AI 기술이 초래할 수 있는 부작용을 최소화할 수 있다.

또한 AI와 인간이 만든 콘텐츠를 적절히 분배하는 원칙도 필요하다. AI가 모든 뉴스와 방송 내용을 생성하는 것이 아니라, 어떤 부분에서 AI를 활용하고, 어떤 부분에서 인간이 주도할 것인지에 대한 명확한 기준이 있어야 한다. 예를 들어, AI는 단순 반복적인 뉴스 요약이나 데이터 분석을 담당하고, 중요한 보도나 논평은 인간 기자와 방송인이 담당하는 방식이 적절할 수 있다.

결론적으로, AI가 라디오 방송에서 정보를 생성하고 전달하는 과정에서 투명성과 검증 절차를 강화하는 것이 가장 중요한 과제다. AI가 단순히 뉴스 제작을 자동화하는 도구가 아니라, 신뢰할 수 있는 정보를 제공하는 방식으로 활용될 수 있도록, 인간 편집자의 검증 시스템과 공존하는 모델이 구축되어야 한다. 이러한 구조는 AI 기술이 방송 산업에서 긍정적인 역할을 할 수 있도록 하는 동시에, 청취자의 신뢰를 지키고 미디어의 공공성을 유지하는 핵심적인 방향이 될 것이다.

인간과 사회를 위한 AI 기술의 사용

AI 기술은 라디오 방송의 새로운 콘텐츠 제작의 가능성을 주며 청취자 맞춤형 서비스를 제공하는 기회를 확대하고 있다. 그러나 AI 기술의 발전은 다양한 윤리적 도전을 동반한다. 신뢰성, 투명성, 개인 정보 보호, 저작권 문제 등 윤리적 도전도 수반한다. 이는 AI 콘텐츠가 미디어 공공성에 미치는 부정적 영향을 우려하게 한다.

이를 해결하기 위해서 국제적인 논의 및 가이드라인 마련이 진행되고 있다. 국제방송협회(Association for International Broadcasting, AIB)와 캐나다 공동체 라디오 방송협회(NCRA) 등은 AI 윤리 가이드라인을 통해 투명성과 책임성을 강조하고 있다. 특히 AI 콘텐츠와 인간이 제작한 콘텐츠의 명확한 구분과 AI 학습 데이터의 공정성을 확보하고, 편향되지 않도록 하는 절차가 중요한 과제로 제시되고 있다.

궁극적으로, AI 기술이 인간과 사회에 긍정적인 영향을 미치기 위해서는 기술적 혁신과 윤리적 고려가 균형을 이루는 방향으로 발전해야 하며, AI와 인간의 협업이 방송 품질 향상에 기여할 수 있는 정책적 조정과 사회적 합의가 필요하다. AI가 단순한 자동화 도구가 아니라 인간과 협력하는 방식으로 발전할 때, 라디오 방송은 더욱 신뢰할 수 있는 콘텐츠를 제공할 수 있을 것이다. AI 기술의 발전과 윤리적 고려가 조화를 이룰 때, 라디오 산업은 지속 가능성을 유지하고, 청취자와의 신뢰 관계를 더욱 강화할 수 있을 것이다.

참고문헌

송해엽(2022). "인공지능 기반 콘텐츠 필터링의 사회적 합의와 규제된 자율규제". 《방송통신연구》, 117, 9~40쪽.

신재우(2024.1.10). "AI시대 저작권 결전…챗GPT, '세기의 소송' 줄줄이 직면". 《연합뉴스》.

이정애(2003.8.16). "'AI 화정'의 비밀". SDF DIARY. SBS.

주상돈(2025.1.16). "방송 콘텐츠, 저작권료 내놔라!. KBS · MBC · SBS 방송 3사, '네이버'에 저작권 소송". 《IPDaily》.

주정민 · 이지혜(2024). "미디어 콘텐츠 기업의 AI 윤리 원칙 분석 및 고찰". 《방송과 커뮤니케이션》, 25(3).

한누리(2023.5.3). "[AI미래 2050] 라디오까지 장악한 인공지능...스위스 라디오, AI 디제이가 방송 진행하는 실험 진행". 《AI 라이프 경제》.

한정훈(2023.4). "미디어에 파고드는 AI-AI 앵커, AI DJ 및 AI 운영 라디오도 등장". 《해외방송정보》, 2023년 4월호. KBS.

Durdak, A.(2024.10.2). Anadolu prepares guidelines for the ethical use of AI in media. aa.com.tr. https://www.aa.com.tr/en/corporate-news/anadolu-prepares-guidelines-for-the-ethical-use-of-ai-in-media/3133

592

Higgins, A.(2024.11.3). An interview with a dead luminary exposes the pitfalls of A.I.. New York Times. https://www.nytimes.com/2024/11/03/world/europe/poland-radio-station-ai.html

Keaten, J.(2023.4.28). Robots run the show as Swiss radio tests AI voices for a day. APnews. https://apnews.com/article/switzerland-radio-gpt-artificial-intelligence-9270ef1359130ceec8a0c1ffaa340206

NCRA(2024). "National campus and community radio association statement on use of AI". https://ncra.ca/national-campus-and-community-radio-association-statement-on-use-of-ai/

RedTech(2023.7.11). "AIB launches AI working group". https://www.redtech.pro/aib-launches-ai-working-group/

10
AI와 라디오의 미래

AI 기술의 발전은 라디오 방송 분야에 새로운 전환점을 가져 왔다. 콘텐츠 제작과 편성, 청취자 경험에서 AI는 효율성을 높이고 혁신을 가능하게 하지만, 동시에 라디오라는 매체가 지닌 본질적 가치를 어떻게 유지하며 발전시킬 것인가에 대한 논의를 불러일으킨다.

종교와 AI?

AI, 라디오의 본질을 바꾸고 있는가?

라디오는 한 세기 이상 청각 매체의 중요한 미디어로 자리 잡았다. 그러나 AI 기술이 방송 제작과 운영에 본격적으로 도입되면서, 라디오의 본질 자체가 변화하고 있다는 의견도 제기되고 있다. AI는 단순한 보조 역할을 넘어, 방송 기획, 원고 작성, 음성 합성, 음악 큐레이션 등 라디오의 거의 모든 영역에서 핵심적인 역할을 수행하고 있다.

1979년 버글스의 'Video Killed the Radio Star'가 텔레비전의 등장으로 라디오가 쇠퇴할 것을 예견했다면, 이제 우리는 'AI Killed the Radio Star'라는 새로운 시대를 마주하고 있다. 그러나 AI가 정말 라디오의 본질을 변화시키고 있는가? 아니면 또 다른 진화의 과정인가?

과거 영상 매체의 부상이 라디오의 소비 방식을 변화시켰다면, 이제는 AI가 라디오 제작과 운영 방식을 근본적으로 변화시키고 있다. AI DJ, AI 앵커, 자동화된 음악 큐레이션 시스템이 등장하면서, 라디오는 인간이 주도하는 감성적인 미디어에서 점차 알고리즘이 주도하는 효율적인 미디어로 전환되고 있다.

세계 여러 국가에서 AI가 뉴스를 작성하고, 대본을 쓰고, 음악을 큐레이션하고 직접 진행을 하고 있다. AI 기술이 제공하는 방송 제작비 절감, 24시간 운영 가능성, 청취자 맞춤형 콘텐츠 제공은 여러 가지 장점을 지니지만, 인간적인 감성 전달과 공감 능력 부족이라는 한계를 동반한다. 청취자들이 라디오를 단순한 정보 전달 매체가 아닌, 감정을 공유하고 인간적 교감을 나누는 공간으로 인식하는 만큼, AI가 이러한 본질을 해칠 수 있다는 우려도 크다.

AI가 라디오의 효율성을 높이고 새로운 가능성을 제시하고 있지만, 궁극적으로 인간 DJ와 청취자의 감성적 교류를 대체할 수 있을는지 여전히 논쟁의 대상이다.

AI DJ와 라디오의 자동화: 인간의 역할은 사라질까?

AI 기술의 발전으로 라디오 DJ의 역할도 변화하고 있다. 전통적으로 DJ는 단지 음악을 소개하는 역할을 넘어, 청취자와의 감성적 교류와 즉흥적 진행을 통해 라디오의 핵심적인 요소로 자리 잡았다. 그러나 AI DJ가 등장하면서, 인간 DJ의 역할이 위협받고 있다.

퓨처리 미디어가 개발한 라디오GPT는 AI가 실시간으로 데이터를 분석해 인기 있는 주제를 선정하고, 이를 바탕으로 AI 진행자가 방송을 진행할 수 있도록 설계된 시스템이다. 이러한 기술의 발전으로, 일부 라디오 방송사는 인간 DJ를 AI DJ로 대체하기 시작했다.

그러나 AI DJ는 인간 DJ와 비교했을 때 감성적 요소가 부족하다는 지적이 많다. AI DJ는 대본을 기반으로 방송을 진행하지만, 청취자의 감정에 실시간으로 반응하거나 즉흥적인 대화를 진행하는 능력은 부족하다. 또한, 청취자들은 AI DJ가 인간 DJ처럼 친밀한 소통을 할 수 없다는 점을 단점으로 꼽는다. 결국 AI DJ는 인간 DJ를 완전히 대체하기보다는 보완하는 역할로 활용될 가능성이 크다.

라디오 프로그램의 변화: 토크 프로그램이 사라질 것인가?

AI는 라디오 방송 프로그램에도 변화를 가져올 것으로 예상된다. 음악 스트리밍 기술과 매체의 다변화로 라디오 방송, 특히 지역 라디오 방송의 경우 토크 프로그램의 중요성이 꾸준히 증가했다. 토크 프로그램은 청취자에게 공적 담론과 사회적 이슈에 대한 심층적 정보와 의견을 전달하며, 지역적으로 중요한 이슈를 논의하는 공론장의 역할을 해왔다(Hendricks, 2020).

AI 라디오가 활성화된다면 이런 심층적인 토크 프로

그램이 사라질지도 모르겠다. AI가 뉴스를 요약하고, 진행자의 대사를 생성하는 수준을 넘어 실제로 인터뷰를 진행하는 수준에 도달한다면, 인간 게스트가 필요 없는 자동화된 토크 프로그램이 등장할 수도 있지 않을까? 지역의 이슈에 대해 AI 진행자와 AI 게스트가 심층적으로 이야기하는 방식으로 말이다. 그러나 이러한 자동화된 토크 프로그램은 인간 게스트와 진행자의 공감과 소통이 주는 고유한 가치를 대체할 수 없다는 점에서 한계가 있다. 지역성을 기반으로 한 토크 프로그램의 감성적 교류는 AI 기술이 보완해야 할 영역으로 남아 있다.

획일화 vs 다양성, AI 라디오의 방향성

AI는 라디오 방송의 표준화된 프로그래밍을 가속할 것인가, 아니면 지역적 특성을 살리며 다양성을 확보할 것인가?

라디오 방송 산업은 이미 중앙 집중적인 프로그래밍이 증가하고 있다. 미국의 클리어 채널(Clear Channel)은 미국 전역에 거의 1000개의 방송사를 소유하고 있으며, 그중 많은 방송사는 중앙에서 개발한 동일한 콘텐츠를 전국적으로 방송하고 있다(Hendricks, 2020). 동일한 아티스트, 앨범, 노래를 유사하게 반복 재생하며 비용을 절감하고 있다. AI의 등장은 이러한 경향을 더욱 가속할 가능성이 크다. AI가 데이터 기반으로 콘텐츠를 생성하고 선곡할 경우, 동일한 알고리즘이 적용된 획일화된 콘텐츠가 반복적으로 송출될 위험이 있기 때문이다.

반면, AI가 지역성을 반영하는 맞춤형 라디오 방송을 가능하게 할 가능성도 있다. 청취자의 선호 데이터를 기반으로 지역 특성을 반영한 콘텐츠를 자동으로 생성할 경우, AI는 획일화 대신 맞춤형 방송을 가능하게 할 수도 있다. AI가 주도하는 라디오 방송의 미래에 대해 효율성을 중심으로 접근한다면 전자의 경우가, 확장성을 중심으로 접근한다면 후자의 경우가 될 것이다.

AI와 인간, 공존의 미래

AI 기술이 라디오 방송을 효율적이고 개인화된 방식으로 변화시키고 있지만, 인간 DJ와 제작자의 역할이 완전히 사라질 가능성은 낮다. AI는 데이터 분석과 자동화에서 강점을 보이는 반면, 감성적 소통, 창의적 연출, 청취자와의 깊은 관계 형성은 여전히 인간 DJ의 몫으로 남아 있다.

미래 라디오 방송의 이상적인 모델은 AI와 인간의 하이브리드 협력 모델이다. AI는 데이터 기반으로 맞춤형 콘텐츠를 추천하고 운영 효율성을 높이는 역할을 담당하며, 인간 DJ는 창의적 감성과 정서적 교류를 강화하는 방식으로 서로 보완할 수 있다.

라디오의 본질은 '소통과 교감'에 있다. AI가 라디오의 효율성과 가능성을 높이는 것은 분명하지만, 청취자와의 관계를 형성하는 최종적인 역할은 인간에게 남아 있어야 한다. AI가 발전할수록, 인간 DJ와 기자, 작가의 창의성과 소통 능력도 더욱 정교해질 것이며, AI와 인간이 공존하는 라디오의 미래가 열릴 것이다.

이제 AI와 라디오의 결합은 단순한 기술적 혁신이 아니라, 인간과 기술이 어떻게 공존할 것인가에 대한 철학적 고민을 요구한다. 라디오가 AI와 함께 진화할 때, 청취자와의 감성적 연결을 유지하면서도 개인화된 콘텐츠 제공이 가능해질 것이다. AI와 인간이 협력하는 방식이 라디오의 본질적 가치를 유지하며 새로운 가능성을 열어줄 것이다. 결국, AI와 라디오의 미래는 인간 중심적 기술 발전과 윤리적 기준 위에서 긍정적으로 변화할 수 있을 것이다.

참고문헌

Hendricks, J. A.(Ed.).(2020). *Radio's second century: Past, present, and future perspectives*. Rutgers University Press. 유창수 옮김(2021). 《라디오의 새로운 100년: 과거, 현재, 그리고 미래》. 한울.

최성은

전주공동체라디오(FM93.5MHz) 방송본부장이다. 전북대학교에서 언론학 박사 학위를 받았다. 전주시민미디어센터장이며 원광대학교 사범대학 겸임교수다. 전북대학교 미디어커뮤니케이션학과 겸임교수(2010~2022)를 지냈다. 공동체 라디오, 공동체 미디어, 시민 미디어, 미디어 교육 등의 분야에 관심을 가지고 있다. 전국미디어센터협의회 이사, 전북민언련 이사로 활동하고 있다. 2013 세계공동체라디오 아시아-태평양 총회 및 컨퍼런스 서울대회 집행위원으로도 활동했다. 저서로는 《공동체라디오》(2014), 《미디어와 공동체》(공저, 2018)가 있다. 논문으로는 "정규방송 도입 이후 공동체라디오 운영구조 및 정책에 대한 평가적 고찰"(공저, 2013), "영국 공동체라디오 정책 고찰을 통한 국내 시사점 모색연구"(공저, 2013) 등이 있다.